英韓대역판

유머샌

한국경제신문 연재 「海外유머」 걸작선

제 **4** 집

머리말

　『한국경제신문』에「海外유머」라는 제목으로 영한대역형 우스갯소리가 실리기 시작한 것은 1980년 12월. 그러니까 10년도 더 되도록 이 신문은 일요 인생상담(「어찌하오리까」)이 실리는 일요일자를 제외하고는 단 한 번도 거르지 않고 이것을 실어 왔다.

　해외유머가 이렇듯 오랜 동안 그 명맥을 유지하면서 새로운 기록같은 것을 수립할 수 있었던 것은 한마디로 독자들의 성원이 있었기 때문이었다. 독자들이 보내온 이런저런 반응들은 이 농담판을 만들어내는데 많은 참고가 되었다.

　독자들이 무엇보다도 궁금해 하는 것은 소재가 어디서 왔느냐 하는 점이었다.

　한마디로 아주 다양하다. 뭐니뭐니해도 가장 중요한 자

료는 조크를 다룬 영어책들이다(물론 만화책들도 포함된
다). 이들 영문책자들은 해외에서 인편을 통해 들어오기도
하고 국내의 고본점에서 입수하기도 한다. 그리고 미군 기
지촌을 다니면서 유머와 관련된 헌 책들을 주기적으로 수
집해 주는 고본상의 도움도 컸다.

이런 식으로 입수된 잡다한 자료들을 처리하는 과정이야
말로 해외유머 제작에서 가장 힘겨운 일이다. 일단 모두
읽어봐야 한다. 조크들로 엮어낸 책에 실린 것이라해서 하
나같이 다 재미있으라는 법이 없다. 실은 별로 재미없는
것들이 더 많다. 일차적으로 유머거리가 됨직한 것을 골라
낸 다음에는 영어로 보면 재미가 있지만 우리말로 옮길 수
없거나 옮겨봤자 유머가 살아남지 않는 것들은 버려야 한
다. 그리고 나서는 활자화하기 어려운 것들을 골라서 탈락
시켜야 한다. 여기에 속하는 것이 그 사람들이 더티 조크
(dirty joke)라고 일컫는 외설적인 것들이다.

우리가 허물없는 자리에서 많이 접하는 것이 외설적인
유머라는 사실로 미루어 알 수 있듯이 영어조크에서도 대
종을 이루는 것이 이 부류에 속하는 것들이고 그중에 무척
재미있는 것들이 많다.

이런 기준에 따라 취사선택을 하다보면 한 권에서 단한
건도 건지지 못하는 경우도 있다. 출판사만 다를 뿐 같은

취지의 조크를 이런저런 형태로 각색해서 내놓은 것도 많다. 그래서 같은 조크에 수없이 자주 접하게 된다.

다음 단계의 작업은 『한국경제신문』의 「海外유머」라는 틀에 뜯어맞추는 일이다. 긴 것들은 줄이고, 도저히 줄일 수 없는 것은 2, 3회로 나누어 연재하기도 한다.

독자들로부터 문의전화를 받으면서 깨닫게 된 것은 영한대역으로 된 유머판이 영어공부의 참고자료로 이용되는 경우가 많다는 사실이다. 이 점을 감안하여 지나치게 속된 슬랭(slang)은 피하고 표준적인 표현으로 바꾸도록 했다. 그리고 외설적인 낱말 역시 점잖은 것으로 바꾸도록 했다.

다음으로 시국의 제물이 된 것들도 많았다. 한 예로, 제1권의 맨 앞에 실린 「군사독재」는 70년대의 그리스 군사독재를 다룬 미국 『타임(Time)』지의 특집기사에서 봤던 것이지만 그동안 빛을 보지 못했다. 문민체제가 되면서 그 당시의 기억을 더듬어 새로 엮어내어 최근에 소개한 것이다.

또 한 가지 『한국경제신문』에 실린 영어유머의 소재는 비단 해외에서 발행된 서적이나 잡지에만 국한되는 것은 아니다. 더러는 뉴스기사에서 아이디어를 얻어서 만들어내기도 하고 또 더러는 스스럼없이 한담하는 자리에서 들

은 재미있는 이야기들을 서양적인 상황으로 각색해서 엮어 내기도 했다. 물론 별로 손질하지 않고 쉽게 활용할 수 있는 소재도 많았으나 그렇지 않고 많은 공력을 들인 것들도 적지 않았다.

십여 년간 해외유머를 담당해온 사람으로서 가장 큰 고충은 역시 소재 빈곤이다. 조크책들을 보면 예외없이 별 재미없는 것들도 많이 수록되어 있다. 한마디로 소재 빈곤을 입증하는 것이다. 『한국경제신문』의 해외유머라고 예외일 수 없다. 소재가 부족하다보니 재미없는 것으로 때워가는 날도 적지 않다.

해외유머가 나가기 시작한 13년 전과 비교하여 지금 『한국경제신문』의 독자수는 엄청나게 증가했다. 그러므로 지금의 독자들 중에는 초기의 「해외유머」에 접하지 못한 분들이 많다. 10년이면 강산도 변한다기에 초기의 것들을 더러 재탕하기도 하는데 이 때문에 간혹 오래 된 독자들로부터 항의를 받는 일도 있다.

그 동안 많은 독자들이 이미 나갔던 것을 책으로 엮어내지 않았는지 혹은 그럴 계획이 없는지를 물어왔다. 이 해외유머집은 그러한 독자들의 성원에 호응하기 위해 초기의 것들로 엮어낸 것이다. 지난 1994년 1월에 제1집, 94년 8월에 제2집, 1995년 5월에 제3집이 나간 후로 제4집

이 언제쯤 나오는지 궁금해 하는 독자들이 많았다. 다시금
독자들의 성원에 감사드리며 빠른 시일 안에 제5집으로 보
답해 드릴 것을 약속한다.

1995년 9월

「해외유머」담당자

차 례

1. 신혼여행

A Scotsman, dressed in tartan, was standing on the platform of Kingsbridge railway station, Dublin, when another kilted Scot came along and inquired, "Where are you bound for ? "

"I am going to Killarney on my honeymoon," was the reply.

"Where is the bride ? "

"Am not taking her," said the bridegroom. "She has been there before, so I left her at home."

▶ Scotsman : 스코틀랜드 사람 하면 구두쇠로 통한다
▶ be bound for : ～로 가는
▶ Killarney : 에이레의 유명한 호반관광지

격자 무늬의 옷을 입은 스코틀랜드 사람이 더블린의 킹즈브리지역 플랫폼에 서 있는데 킬트치마 차림을 한 또 한 사람의 스코틀랜드 남자가 다가와서 물었다.

『어디로 가십니까?』

『킬라니로 신혼여행 갑니다.』

『신부는 어디 있습니까?』

『집에 있습니다.』라고 신랑은 대답했다. 『그곳엔 이미 가봤다는군요. 해서 나 혼자서 갑니다.』

2. Ⅱ 세

> When the lad graduated from college he was taken into the corporation by his dad. He started as assistant treasurer, then gradually worked his way through the ranks to third vice president, second vice president, executive vice president, president and—finally— dislodged the old man as chairman of the board. The old guy took it kind of hard and sonny tried to console him. "After all," he said, "there's no difference between your success and mine. We both worked our way up through the ranks."
>
> "There's one difference," said the dethroned chairman. "I didn't have a rich father."

아들이 대학을 졸업하자 아버지는 그를 자신이 경영하는 회사에 취직시켰다. 경리부 차장으로 시작한 그는 차츰 지위가 높아져서 제3부사장, 제2부사장, 제1부사장 그리고 사장을 거치더니 마침내 아버지를 밀어내고 회장자리를 차지했다. 아버지는 적이 괘씸하게 생각했으나 아들은 아버지를 위로하려 들었다. 『따지고 보면 아버님의 성공이나 제 성공에는 다를 것이 없습니다. 다 같이 바닥에서 시작해서 올라온 게 아닙니까.』

『한 가지 다른 점이 있지.』하고 밀려난 회장께서 한 마디 했다. 『나에게는 부자 아버지가 없었단 말이야.』

3. 방위전략

Years ago Portugal decided to build an impregnable line of defense along her frontier. Huge guns were placed in concrete emplacements.

But when the general staff inspected the new fortifications, the experts quickly spotted the fallacy of the otherwise magnificent defense system : all the guns were pointed toward Portugal and could not be turned around.

The dilemma was finally solved by offering the line of forts to its adjoining neighbor, Spain, at a reduced price.

▶ impregnable : 난공불락의
▶ emplacement : 포상(砲床)

오 래 전 일이다. 포르투갈은 국경선에 난공불락의 방어선을 구축하기로 결정했었다. 콘크리트로 포상을 만들어 거대한 포들을 배치했다.

그런데 총참모부가 새 요새를 시찰하게 되자 그 어마어마한 방위시설의 결점이 대번에 전문가들에 의해 판명되었다. 모든 포가 포르투갈 쪽을 겨냥하고 있었으나 그것을 돌려놓을 수가 없었던 것이다.

결국 이 딜레마는 이웃나라인 스페인에 그 요새를 헐값으로 팔아 넘기는 것으로 해결을 보았다.

4. 동창생(Ⅰ)

A few years ago, I started going to a new dentist. While waiting in his reception room for my first appointment, I noticed his certificate of dentistry, which bore his full name. Suddenly, I remembered that a tall, handsome boy with the same name had been in my high school class some forty years ago. Upon being ushered into his office, however, I quickly discarded any such thought.

▶ certificate of dentistry : 치과의사 면허증
▶ usher into : (안으로) 안내하다
▶ discard : 버리다

몇 년 전에 나는 새 치과의사한테 다니기 시작했다. 응접실에서 초진을 기다리고 있던 나는 그의 치과의사 면허증을 보게 되었는데 거기에는 그의 성명이 적혀 있었다. 그 순간, 약 40년 전 고등학교 시절에 똑같은 이름을 가진 후리후리한 키의 곱살한 소년이 같은 반에 있었음이 문득 생각났다. 그러나 진료실로 들어서는 순간 그 같은 생각은 대번에 사라져 버렸다.

5. 동창생(Ⅱ)

> This bald-headed, grey-haired man with the deeply lined face was too old to have been my class-mate. After he had examined my teeth, I asked him if he had attended the local high school.
> "Yes," he replied.
> "When did you graduate ? " I asked.
> To my amazement, he answered, "In 1924."
> "Why, you were in my class ! " I exclaimed.
> He looked at me closely and then asked, "What did you teach ? "

▶ deeply lined face : 깊숙이 주름진 얼굴
▶ local high school : 현지 고등학교
▶ to my amazement : 놀랍게도

대 머리에 백발, 깊숙이 주름진 얼굴의 그 사람은 나의 고등학교 동급생이기에는 너무도 늙어 보였다. 그가 진찰을 끝내자 혹 그 고장의 고등학교에 다니지 않았느냐고 나는 물었다.

『다녔지요.』하고 그는 대답했다.

『언제 졸업했어요 ? 』하고 물었더니 놀랍게도 『1924년에요.』라고 대답하는 것이었다.

『그렇다면 우리 반이었군 ! 』하고 내가 탄성을 올리자

그는 유심히 나를 바라보더니 묻는 것이었다. 『뭘 가르쳤었죠?』

6. 모 범

“Have you got any family ? ” asked Mr. Parker of the woman sitting opposite to him in the train.

“Yes, one son. ”

“Does he smoke ? ”

“No. ”

“Very good, madam. Tobacco is a poison. Does he belong to a club ? ”

“No. ”

“Does he come home late at night ? ”

“Never. He goes to bed immediately after dinner. ”

“He's a model young man. How old is he ? ”

“Eleven months today. ”

▶ family : 이 경우에는 「가족」이 아니라 한 가정의 「자녀」
▶ a model young man : 모범청년

『**자**녀가 있으십니까?』하고 파커 씨는 열차에서 맞은편 자리에 앉아 있는 여자에게 물었다.

『네에, 아들이 하나 있습니다.』

『담배를 피웁니까?』

『아뇨.』

『다행이군요. 담배는 독입니다. 무슨 클럽에 다닙니까?』
『아뇨.』
『밤 늦도록 밖에서 지냅니까?』
『아뇨. 저녁을 먹고 나면 곧 잡니다.』
『모범청년이군요. 몇 살입니까?』
『꼭 11개월 됐습니다.』

7. 아더왕(Ⅰ)

As King Arthur was just leaving on his expedition, he remembered that the luscious Queen Guinivere was in need of a chastity belt. He ordered one to the royal smith, who produced a pair of iron panties, unique in that right beneath the aperture was a terrible trap, a sort of miniature guillotine ! This pleased Arthur mightily so he clamped the device on Guinivere's lower parts and hastened away.

▶ expedition : 원정
▶ luscious : 관능적인, 매혹적인
▶ be in need of : ～이 필요한
▶ chastity belt : 정조대
▶ aperture : 구멍, 틈
▶ miniature guillotine : 축소형 길로틴(단두대, 절단기)
▶ clamp : (꺾쇠 따위로) 죄다

원정길에 오르는 아더왕은 요염한 왕비에게 정조대를 채워야겠다는 것이 생각났다. 그래서 왕실 대장장이에게 주문했더니 쇠로 된 팬티를 만들어 왔는데, 그것은 구멍뚫린 부분 바로 아래에 단두대의 축소형을 방불케 하는 무서운 덫이 장치되어 있다는 점에서 특이한 것이었다. 아더왕은 그 물건에 아주 만족하면서 그것을 왕비에게 입혀 놓고는 황급히 원정길에 올랐다.

8. 아더왕(Ⅱ)

On his return, the King demanded a meeting and a shortarm inspection of all the Knights of the Round Table who had stayed at home. It seemed, to a man, they were missing their little jewels. But then he came to Sir Galahad who presented Arthur with a complete set ! With tears in his eyes Arthur cried, "Sir Galahad······ you I could trust with my most prized possession ! As a reward, I will give you anything in my kingdom······ just name it ! " But Sir Galahad could not utter a word. Apparently he was missing something in his mouth.

▶ shortarm : (미국 속어) 남근
▶ the Knights of the Round Table : 원탁의 기사(6세기경 영국에 군림했다는 전설적인 아더왕의 기사들)
▶ to a man : 마지막 한 사람까지

▶ jewel : 보석, 귀중한 것

원정에서 돌아온 아더왕은 회의를 소집하고는 성에 머물러 있었던 모든 원탁의 기사들의 사타구니를 검열했다. 그들은 하나같이 그 소중한 것을 잃은 것 같았다. 그런데 갤러해드경만은 거기가 온전했다. 왕은 눈물을 흘리면서 말했다. 『경은 내가 가장 소중한 것을 맡길 수 있는 사람이었소. 그 보답으로 이 왕국에 있는 무엇이든지 상으로 내릴 터인즉 어디 말해 보시오! 』그러나 갤러해드 경은 유구무언이었다. 분명히 입 속의 무엇인가가 없어진 것 같았다.

9. 족 보

> The lady was trying to impress those at the party. "My family's ancestry is very old," she said, "It dates back to the days of King John of England." Then turning to a lady sitting quietly in a corner she asked condescendingly : "How old is your family, my dear ? "
>
> "Well," said the woman with a quiet smile, "I can't really say. All our family records were lost in the Flood."

▶ date back to : ～로 거슬러 올라가다
▶ condescendingly : (친절하면서도) 잘난 체하는, 으스대는
▶ the Flood : 노아의 홍수

파티에 나온 여자는 뭔가를 가지고 남들을 감동시켜 보려고 했다. 『우리 집안은 아주 오래 된 가문입니다. 일찍이 영국의 존 왕 시대에 시작되었답니다.』

이렇게 말한 그 여자는 구석자리에 얌전히 앉아 있는 다른 여자를 보고 으스대면서 묻는 것이었다.

『댁의 가문은 얼마나 됐어요 ? 』

『글쎄요. 정말로 모르겠네요. 우리집안 족보는 노아의 홍수 때 몽땅 없어졌거든요.』라고 여자는 얌전히 미소를 머금고 대답했다.

10. 외판원

A salesman for a children's encyclopedia was concluding a high-pressure sales talk. As the young mother hesitated, he turned to her five-year-old son and said, "Ask me a question, sonny. Ask me anything you want to know and I will show your mother where she can find the answer in this wonderful book."

The salesman is now working on another street. The question the boy asked was, "What kind of a car does God drive ? "

▶ high-pressure : (미국 구어) 강요하는, 강압적인
▶ sonny : (호칭) 애야, 애

어린이 백과사전 외판원은 강압적인 판매설득을 끝내 가고 있었다. 젊은 주부가 망설이자 세일즈맨은 다섯 살난 사내아이를 설득하려 들었다. 『애, 너 나에게 뭔가를 물어 보렴. 네가 알고 싶은 것이 있으면 무엇이든지 물어 봐. 그럼 이 놀라운 책에서 어떻게 그 해답을 찾아 내는지를 내가 어머님한테 보여 드릴게.』

그 후로 그 세일즈맨은 이 동네에는 얼씬도 하지 않게 되었다. 꼬마녀석은 『하나님은 어떤 차를 몰고 다녀요?』라고 물었던 것이다.

11. 비 밀

The prime minister was dead, and everybody wished to know who would take his place. But the King would not tell.

So one of courtiers went to the King and asked :

"Your Majesty, who is to be the new premier ? "

"Can you keep a secret ? "

"Certainly, your Majesty, I can ! "

"Very well, " said the King, "so can I. "

▶ prime minister : 총리(premier)
▶ take one's place : ～의 자리를 차지하다
▶ courtier : 조정 신하
▶ so can I : I can keep a secret, too

총리가 죽자 사람들은 너나없이 누가 다음 총리가 될 것인지 무척 궁금했다. 한데 임금께서는 입 밖에 내려 들지 않았다.

그래서 조정의 신하 한 사람이 왕을 찾아가서 물었다.

『폐하, 누가 다음 총리가 되는 것이옵니까?』

『경은 비밀을 지킬 수 있으렷다?』

『물론이옵니다, 폐하.』

『그래야지, 과인 역시 비밀은 지킬 줄 안다오.』

12. 할 인

In a railway carriage a country woman asked, "Will you tell me which is the return ticket ? "

A passenger pointed out the return ticket and the country woman threw it out of the window at once.

"Why did you do that ? " asked the passenger.

"I'm not going back. "

"Then why did you take a return ticket ? "

"They told me it was cheaper. "

▶ railway carriage : (영국) 객차(미국에서는 railroad car)
▶ return ticket : (영국) 왕복권(미국에서는 round trip ticket)

기 차에 오른 시골여인이 물었다. 『이 중 어느 쪽이 돌아오는 표지요?』

승객 한 사람이 돌아오는 표를 가리키자 그녀는 대뜸 그것을 창 밖으로 집어던졌다.

『어째 버리십니까?』하고 그 승객이 물었다.

『난 돌아오지 않을 거예요.』

『그럼 어째서 왕복표를 사셨어요?』

『그게 더 싸다고들 해서요.』

13. 타 산

The mother went shopping with her small son. The grocer invited the boy to take a handful of cherries. But the boy was hesitating.

"Don't you like cherries ? " the grocer asked.

"Yes, " said the boy.

The grocer put his hand in and dumped a handful into the boy's pocket.

On their way home the mother asked the boy. "Why didn't you take the cherries when you were invited ? "

"Because, " said the boy, "his hand is bigger than mine. "

어머니는 어린 아들을 데리고 장보러 갔다. 식료품 가게주인은 어린것을 보고 버찌를 한 움큼 가지라고 권했으나 녀석은 망설였다.

『버찌를 좋아하지 않니 ? 』하고 가게주인은 물었다.

『좋아해요. 』

주인은 한 움큼을 집어 어린이의 호주머니에 쏟아 넣었다.

『왜 가지라는데도 망설였지 ? 』하고 집으로 오는 길에 어머니가 물었다.

『왜냐 하면 그 아저씨 손이 내 손보다 크니까. 』

14. 대장부

Mary : "My Mother heard a noise in the bedroom last night. She jumped out of the bed and there were a man's feet sticking out under the bed."

John : "A burglar's?"

Mary : "No, My father's. He had heard the burglar, too."

▶ stick out : 불쑥 나오다, 돌출하다
▶ burglar : 도둑

메리 :『어머니는 간밤에 침실에서 무슨 소리를 들었다나 봐. 그래서 자리에서 벌떡 일어나 보니 침대 밑에서 남자의 발이 삐져 나와 있더라는 거야.』

존 :『도둑놈이 숨어 있었군요?』

메리 :『아냐. 아빠였어. 아빠도 도둑놈이 들어오는 소리를 들었던 거야.』

15. 사탑(斜塔)

Jenny was an excellent domestic and Mrs. Temple never wished for better. But only in the matter of pictures Jenny was weak. There was one in the house, which showed the leaning tower of Pisa. Everyday Mrs. Temple hung it straight, and every morning Jenny put it crooked.

"Now, look here, Jenny." Mrs. Temple said one morning, "you've hung that picture of the tower crooked again!"

"The only way to get that tower to hang straight is to hang the picture crooked!"

▶ domestic : 가정부
▶ wish for better : 더 이상 바라다
▶ weak : 약한, 둔한

제니는 훌륭한 가정부라 템플 부인으로서는 더 이상 바랄 것이 없었다. 그러나 그림에 대한 안목은 없었다. 그 집에는 「피사의 사탑」 그림이 있었다. 템플 부인은 매일같이 그 그림을 똑바르게 해 놓아야 했고, 한편 제니는 아침마다 그것을 삐딱하게 해 놓는 것이었다.

『이봐 제니, 이 그림 또 삐딱하게 해 놓았군!』하고 어느 날 아침 템플 부인이 한 마디 했다.

『그 탑이 똑바로 서 있게 하자니 그림을 비스듬히 걸어 놓을 밖에 달리 방법이 없는걸요！』

16. 지 혜

George : "I am going to be a wild animal trainer."
Sam : "Nonsense ! That's impossible. You're too little for the job."
George : "That's just the secret of my success. The lions will be waiting for me to grow a little bigger."

▶ wild animal trainer : 야수 조련사
▶ secret : 비결

조지 : 『난 야수를 훈련시키는 사람이 될 거야.』
샘 : 『말도 안 되는 소리 하지 마. 그런 일을 하기에는 넌 너무 어려.』
조지 : 『그게 바로 성공의 비결이 된단 말이야. 사자들은 내가 좀더 크기를 기다려 줄 게 아니냐구？』

17. 과잉서비스(I)

A young man bought himself a pair of trousers. But he found that they were about two inches too long.

"These new trousers are too long," he said to his mother and his two sisters. "They need shortening by about two inches. Would one of you mind doing this for me, please?"

His mother and sisters were busy and none of them said anything.

But as soon as his mother finished washing up, she went quietly upstairs to her son's bedroom and shortened the trousers by two inches.

▶ mind : (부정문이나 의문문에서) 꺼림칙하게 생각하다, 싫어하다
▶ washing up : 설거지

어떤 청년이 자기가 입을 바지를 샀다. 한데 입어 보니 2인치 정도 길었다.

『새로 사온 이 바지는 너무 길어요.』하고 그는 어머니와 두 누이들에게 말했다. 『2인치 정도 줄여야겠으니 누가 좀 손질해 주면 좋겠어요.』

어머니와 누이들은 바빠서 아무도 이렇다 할 반응을 보이지 않았다.

그러나 어머니는 설거지가 끝나자 아무 말없이 곧장 위
층의 아들 방으로 가서 바지길이를 2인치 줄여 놓았다.

18. 과잉서비스(Ⅱ)

Later on, the elder sister remembered her brother's
trousers. Without saying anything to anyone, she
went upstairs and shortened the trousers by two
inches.
The younger sister, too, remembered what her
brother had said. She ran upstairs and cut two inches
off the legs of the new trousers.
You can imagine the look on the young man's
face when he put the trousers on the next morning.

▶ imagine : 상상하다
▶ look : 표정
▶ put the trousers on : 바지를 입다

얼마 후, 누님은 동생의 바지 이야기가 생각났다.
그래서 말없이 위층으로 올라가 바지길이를 2인치
줄여 놓았다.
여동생 역시 오빠가 한 말이 생각났다. 얼른 위층으로
올라가서 새로 사 온 바지길이에서 2인치를 잘라냈다.
이쯤 되었으니 이튿날 아침 그 바지를 입었을 때 청년의
표정이 어떠했겠는지는 짐작할 수 있는 일이다.

19. 노인장

A reporter on a daily newspaper was sent to interview a man who had just passed his 101st birthday.

Asked about his reaction to woman, the oldster replied very regretfully.

"I'm afraid I can't help you much. As a matter of fact, I gave up thinking about woman about two years ago."

"……Well, up until 99 ? "

▶ reaction : 반응
▶ oldster : (구어)노인
▶ regretfully : 서운해 하면서, 유감스럽게
▶ as a matter of fact : 실제로, 사실
▶ give up : 포기하다

어느 일간신문의 기자가 101회 생일을 막 지낸 노인을 인터뷰하러 갔다.

여자에 대해 어떻게 생각하느냐고 묻자 노인장은 사뭇 애석해 하면서 대답했다.

『별로 도움이 될 만한 이야기는 해주지 못할 것 같구먼, 실은 2년 전쯤부터 여자생각일랑 단념하기로 했거든.』

『……그러니까 아흔아홉살 때까지였군요 ? 』

20. 현실파

Critic : "What are you drawing ? "
Artist : "I just drew a picture of a dog eating bones. "
Critic : "That's interesting, but where are the
      bones ? "
Artist : "Oh, well, the dog ate all the bones. "
Critic : "And where's the dog ? "
Artist : "You don't expect the dog to stay there after
      he has eaten all the bones ? "

▶ critic : 비평가
▶ artist : 화가
▶ draw : 그리다

비평가 : 『무엇을 그리고 있는 거죠 ? 』
화가 : 『개가 뼈다귀를 먹고 있는 그림을 방금 그렸어요.』
비평가 : 『거 재미있군요. 한데 뼈다귀는 어디 있습니까 ? 』
화가 : 『참, 그건 저어, 개가 죄다 먹어 버렸답니다.』
비평가 : 『그럼 개는 어디 있고요 ? 』
화가 : 『뼈를 몽땅 다 먹고서도 거기 그대로 머물러 있으란 말인가요 ? 』

21. 초 청

"Come to my house tonight and we'll talk over old times."

"I'll be there at eight."

"When you arrive, put your elbow to the button and push hard."

"Why do I have to use my elbow to push the button?"

"You're not coming empty-handed, are you?"

▶ talk over old times : 지난 날에 관해 이야기를 나누다
▶ empty-handed : 맨손의

『오늘 밤 우리 집에 와서 지난 날 이야기나 하세.』
『8시에 가겠네.』
『와서는 팔꿈치를 버튼에 대고 세게 누르게.』
『어째서 버튼을 누르는데 팔꿈치를 써야 하나?』
『자네 빈 손으로 오는 건 아닐 거잖아?』

22. 율법박사

A youth inherited his father's possessions and promptly sold them. Immediately afterwards he was sorry about the sale and went to the rabbi to have it nullified. The youth's relations instructed him, "When you go to the rabbi, be sure to eat some dates and shoot the pits right into his face."

The youth followed the advice and threw the date pits at the venerable man. The rabbi regarded him with astonishment and compassion. "Poor boy," he said, "he is mentally defective." So he cancelled the sale.

아버지로부터 재산을 물려받은 젊은이는 부리나케 그것을 팔아 버렸다. 그리고는 곧 후회하면서 랍비를 찾아가 그 거래를 취소시켜 달라고 했다. 랍비를 찾아가기에 앞서 친척들은 그에게 귀띔했다. 『랍비한테 갈 때에는 반드시 대추야자를 먹고 있다가 그 씨를 그분 얼굴에 내뱉어야 한다.』

그는 시키는 대로 대추야자씨를 그 점잖은 분에게 내뱉었다. 깜짝 놀란 랍비는 측은히 여기면서 『안됐군, 머리에 이상이 있구만.』하고는 그 거래를 취소시켰다.

23. 벌 칙

A rating service learned that it had inadvertently obtained part of its findings from prisoners in the same compound. They also learned that the prisoners were only watching daytime TV.

Unable to resist its curiosity, the service asked the prisoners why they never watched at night.

"The lights go out at night and we are not allowed to watch after that," explained a prisoner.

"But why do you watch during the daytime?" persisted the prober.

The prisoner replied, "I thought it was part of the punishment."

▶ a rating service : 상품 등의 인기를 조사하는 기관
▶ inadvertently : 부주의로
▶ prober : 조사자

여론조사자가 조사결과를 받아 놓고 보니 부주의로 어느 감옥에 갇혀 있는 죄수들이 조사대상에 포함되어 있었고, 또 그 죄수들은 대낮에만 TV를 시청하는 것으로 밝혀졌다. 호기심에 견디다 못해 조사소는 어째서 밤에는 TV시청을 하지 않는 거냐고 물었다.

『밤에 전깃불이 나가면 TV를 시청해서는 안 되는 것으

로 되어 있습니다.」라고 한 죄수는 대답했다.
『그렇다면 낮에는 왜 봅니까?』하고 더 물었더니 『그건 처벌의 일부인 줄로 알았는데요.」라는 것이었다.

24. 위조지폐

"My grocer gave me a phony dollar bill this morning. You can't trust anyone these days."
"Let me see it."
"I can't. I passed it at the drugstore."

▶ a phony dollar bill : 1달러짜리 위조지폐
▶ pass : 넘겨 주다

『오늘 아침에 잡화상에서 1달러짜리 가짜지폐를 받았어. 요즘 세상엔 믿을 사람이 없단 말이야.」
『어디 좀 보자구.」
『없어. 약방에서 써 버렸는걸.」

25. 골동품(I)

An antiquarian who was looking for ancient objects in the houses of the peasants in Normandy one day discovered a charming blue bowl that looked very old. The bowl was lying on the ground and a cat was drinking from it. In order not to attract the attention of the peasant to the value of the bowl, the antiquarian said to him in a casual voice :

"What a charming cat you have ! "

"Yes, " said the other. "It's a pretty animal. "

"Won't you sell it to me ? "

"How much would you give me for it ? "

"Fifty francs. Would it be enough ? "

노르망디의 농가에 다니면서 골동품을 찾고 있는 수집가가 하루는 아주 오래 된 것으로 보이는 탐스러운 청자 사발 하나를 발견했다. 그 사발은 땅 위에 놓여 있었고 고양이가 거기에 담긴 물을 먹고 있었다. 그 사발이 값나가는 물건이라는 사실을 농부가 눈치채지 않도록 수집가는 무관심을 가장하고 농부에게 말을 건넸다.

『참 예쁜 고양이로군요 ! 』

『그렇습니다. 잘 생긴 놈이외다. 』

『나한테 팔지 않으시렵니까?』

『얼마 주시려구요?』

『50프랑 드리죠. 그러면 되겠어요?』

26. 골동품(Ⅱ)

After a few moments, the peasant accepted the offer. The antiquarian put the money in the hand of the seller, took the cat and turned toward the gate. But there he stopped suddenly and said to the peasant :

"May I take the bowl so that the cat may have milk whenever he feels like it ? "

But the peasant replied :

"I'm sorry, but I cannot give it to you. Thanks to this bowl, I have already sold fourteen cats. "

잠시 생각하고 나서 농부는 그 제의를 받아들였다. 골동품수집가는 돈을 농부의 손에 쥐어 주고는, 고양이를 안고 대문 쪽으로 향했다. 그러나 갑자기 발걸음을 멈추고는 농부에게 물었다.

『고양이가 마음내킬 때 언제든지 우유를 마시게 하는 데 쓰게 그 사발 가지고 가면 안 될까요?』

『미안하지만 그건 안 되겠어요. 이 사발 덕분에 그 동안

고양이를 열네 마리나 팔아 온걸요.』

27. 성 년

A father told his teenage daughter who was going out for a date that he wanted her home by eleven p. m.

"But, father," she complained. "I'm no longer a child."

"I know perfectly well." answered the father. "That's why I want you home by eleven o'clock."

▶ teenage daughter : 십대의 딸
▶ go out for a date : 데이트하러 외출하다
▶ know perfectly well : 분명히 알다

아버지는 데이트하러 나가는 10대의 딸을 보고 밤 11시까지는 집에 돌아와야 한다고 당부했다.

『하지만 아빠, 전 이제 어린아이가 아니란 말이에요.』 하며 딸이 불평을 했다.

『나도 그 점은 잘 알고 있어. 그러니까 너더러 11시까지 는 집에 돌아와야 한다는 거야.』하고 아버지는 대답했다.

28. 취 객

> Identical twins, dressed exactly the same, stopped in a bar for a drink. A man staggered past them and then stopped to look at them in puzzlement.
>
> Finally one of the twins laughed and said, "Don't let it upset you, old man ; you're really not in such bad shape. We're twins."
>
> The drunk took another look and said, "All four of you ? "

▶ identical twin : 똑같은 생김새의 쌍둥이
▶ stop in : 들르다
▶ puzzlement : 당황, 어리둥절
▶ upset : 당황하게 하다
▶ in bad shape : (몸의) 컨디션이 나쁜(여기서는 「많이 취한」)

똑같은 생김새에 똑같은 옷차림을 한 쌍둥이 한 쌍이 한 잔 하려고 바에 들렀다. 한 사내가 비틀거리면서 두 사람 옆을 지나가다 말고 어리둥절해서 그들을 바라보았다.

마침내 쌍둥이 중 한 사람이 껄껄 웃으면서 한 마디 했다.

『이상하게 여길 것 없어요. 손님께서 술이 과해서 그런 건 아닙니다. 우리는 쌍둥이인걸요.』

취한은 다시 두 사람을 눈여겨 보더니 묻는 것이었다.
『당신네 네 사람 모두가요?』

29. 접 수

Jane : "Our friendship is over. My feelings toward
       you have changed. "
John : "In that case, give me back the diamond
       ring, the mink, and the sports car I gave
       you. "
Jane : "Oh, but I still feel the same way about the
       diamond ring, the mink, and the sports car. "

▶ in that case : 그런 경우에는, 그렇다면

제인 :『우리들 사이는 끝장났어요. 당신에 대한 내 마음이 달라졌단 말이에요.』

존 :『그렇다면 내가 준 다이아몬드반지, 밍크, 스포츠카를 돌려줘야지.』

제인 :『참, 하지만 다이아몬드반지, 밍크, 스포츠카에 대한 내 마음에는 아직 변함이 없는걸요.』

30. 세대차이

Grandfather : "Jim, I am ashamed of you. When I
was a boy of your age, I could say the
names of all the Presidents of the
United States."
Grandson : "Yes, I know. But there were only three
or four of them then."

▶ be ashamed of : ~을 부끄럽게 여기다

할아버지 :『이 녀석아, 그렇게도 무식하다니 창피스럽잖아. 난 네 나이 적에 미국 대통령의 이름을 죄다 욀 수 있었어.』

　손자 :『그러셨겠지요. 하지만 그때야 대통령이 서너 사람뿐이었잖아요.』

31. 거 인

The bus was already crowded when the fat woman entered. She stood for a moment glaring at the seated passengers. "Isn't some gentleman going to offer me a seat?" she asked.

At this, one exceptionally small man rose. "Well," he said, rather shyly, "I'm willing to make a contribution."

▶ glare : 노려보다
▶ exceptionally : 이례적으로
▶ make a contribution : 공헌하다

뚱 뚱한 여인이 버스에 탔다. 차 안은 이미 만원이었다. 잠시 서서 앉아 있는 승객들을 노려보고는 『어디 나한테 자리를 양보할 신사는 없을까요?』하고 한 마디 했다.

그러자 유달리 몸집이 작은 남자가 자리에서 일어나 좀 수줍어하면서 말하는 것이었다. 『저어, 제가 한 몫 해 드릴 용의가 있습니다.』

32. 흥 정

An old lady stepped up to the ticket window in the railway station and asked, "How much is a ticket to Boston?"

"That's ten dollars and seventy-nine cents." replied the agent.

The old lady turned to the little girl beside her and said, "I guess we may as well buy our tickets here. I've asked at all these windows, and they are the same price everywhere."

▶ ticket window : 매표창구
▶ agent : 담당자
▶ may as well : ~하는 것이 낫다

철도역 매표구에 다가선 늙은 부인은 『보스턴까지 얼마요?』 하고 물었다.

『10달러 79센트입니다.』라고 계원이 대답했다.

할머니는 함께 온 어린 계집아이를 보고 말했다. 『여기서 표를 사야 하나 보다. 창구마다 가 봤지만 모두 같은 값이잖니.』

33. 코끼리

A woman stopped in the zoo to speak to two
workmen who were crying.
"What are you crying for ? " she asked.
"The elephant is dead, " one of them replied.
"Did you love the big animal so dearly ? "
"No, madam, we don't love him at all, but the
boss just told us to dig his grave. "

▶ dearly : 극진하게
▶ boss : 우두머리, 상사

동물원에 왔던 한 여자가 발걸음을 멈추고 엉엉 울고 있는 두 일꾼에게 말을 건넸다.
『어째서 울고 있는 거죠?』
『코끼리가 죽었어요.』하고 한 사람이 대답했다.
『그 큰 짐승에 그토록 정들었더란 말인가요?』
『아닙니다, 부인. 우리는 정 같은 건 조금도 느끼지를 않았어요. 상사가 우리더러 코끼리를 묻을 구덩이를 파라지 뭡니까.』

34. 질 투

In the department store elevator, a woman was peeved by her husband's enthusiastic ogling of a gorgeous girl. Suddenly, the girl spun around to slap her admirer and exclaim :

"That'll teach you to pinch stranger's bottoms ! "

As passengers left the elevator, the man swore to his wife, "I never touched that girl."

With a wicked grin, she said, "I know you didn't. I did. "

▶ peeve : 약을 올리다, 화나게 하다
▶ ogle : 추파를 던지다, 탐내며 바라보다

백화점 엘리베이터에 탄 여자손님은 요염한 미녀를 넋을 잃고 바라보는 남편이 짜증스러웠다. 그런데 그 미녀는 갑자기 휙 돌아서서 군침을 삼키면서 바라보는 그 사내의 뺨을 후려치고는 『남의 엉덩이를 꼬집다가는 이런 꼴을 당해야 해요.』라고 소리쳤다.

손님들이 승강기에서 나가자 사내는 아내에게 『난 저 여자한테 손가락 하나 까딱 안 했어요.』라고 맹세했다.

그러자 아내는 짓궂게 웃으면서 『알고 있어요. 내가 꼬집어 줬다구요.』라고 했다.

35. 의사(I)

A fellow consulted a doctor because he wasn't
feeling well.

"Do you smoke excessively?" asked the M. D.

"No."

"Do you drink a lot?"

"No."

"Keep late hours?"

"Nope."

The doctor shook his head and asked, "How can
I cure you if you have nothing to give up?"

어떤 사람이 몸이 불편해 의사를 찾아갔다.
『담배를 많이 태우십니까?』하고 의사가 물었다.

『아뇨.』

『술을 많이 하십니까?』

『아뇨.』

『밤 늦도록 밖에서 시간을 보내세요?』

『아뇨.』

의사는 고개를 저으면서 물었다. 『아니 삼가야 할 것이
아무것도 없다면 어떻게 병을 고쳐 달라는 겁니까?』

36. 가 격

Customer : "How much is your beef ? "
Butcher : "Fifty cents a pound. "
Customer : "But at the corner store it is only forty-
two cents. "
Butcher : "Then, why don't you buy it there ? "
Customer : "Because they haven't any. "
Butcher : "Oh, I see. When I don't have it, I
sell it for ten cents a pound. "

▶ corner store : 모퉁이에 있는 가게

손 님 : 『고기 얼마 합니까 ? 』
고깃간 주인 : 『1파운드에 50센트 합니다.』
손님 : 『하지만 저 모퉁이집에선 42센트밖에 안 받던데
요.』
고깃간 주인 : 『그럼 거기서 사시지 그러세요 ? 』
손님 : 『지금 고기가 없다잖아요.』
고깃간 주인 : 『그렇군요. 우리 집에서는 물건이 없을
때엔 1파운드에 10센트 합니다.』

37. 전술(Ⅰ)

A young life insurance salesman walked into the office of an executive and said to him, "I am selling life insurance, but I don't suppose you would be interested."

The executive — sales manager for the corporation — looked at the insurance man in disgust and said that he certainly did not want any.

"In that case," said the salesman, "I'll try somebody else." And he started to leave.

"Wait a minute." said the sales manager. "I train salesmen, and I've seen some dumb ones, but you are the worst I have ever met. Why, you'll starve to death if you continue to talk people out of your product."

▶ in disgust : 넌더리가 나서, 역겨워서
▶ dumb : 멍청한

젊은 생명보험 판매원이 어느 회사의 한 간부방에 들어섰다. 『생명보험을 팔러 다니는 사람입니다만 별 흥미가 없으시겠죠.』

그 회사의 판매부장인 그는 어이가 없다는 듯이 판매원을 바라보고는 보험일랑 필요가 없다고 했다.

『그렇다면 딴 데로 가 봐야겠군요.』하며 젊은이는 돌아섰다.

『잠깐만.』 하고 부장은 그를 불렀다. 『난 판매원을 길러 내면서 멍청이도 더러 봐 왔네만 자네 같은 친구는 처음 봤어. 아니 자기가 파는 물건을 마다하게 하면 어떡하나. 그 따위로 하다간 굶어 죽게 되네.』

38. 전술(Ⅱ)

The sales manager gave the youngman a lecture on the technique of selling insurance. He got so interested in the whole problem that he ended up by signing for a $5, 000 life policy on himself.

"Let this be a lesson to you," said the sales manager. "Work out a sales tactics for each individual situation and use it to the hilt."

"That's what I've been doing," smiled the young salesman. "You see, I had figured out before I came in here. I have just used on you my specially prepared tactics for aggressive sales managers."

▶ sign for a life policy : 생명보험에 가입하다

▶ work out : 안출하다

▶ individual situation : 각 개인의 상황

▶ to the hilt : 철저히

▶ figure out : 계산하다, 평가해 내다

판매부장은 보험판매술에 관해 일장 훈시를 했다. 그리고는 자신이 설명한 바에 스스로 도취된 나머지 5,000달러짜리 보험에 가입하게 되었다.

『자네 이걸 교훈으로 삼아 각 개인의 케이스에 알맞는 판매전술을 짜내서 그것을 철저하게 밀고 나가도록 하게나.』

『저는 바로 그런 식으로 해 왔습니다.』라고 젊은이는 미소지었다.

『아시겠습니까, 저는 여기 들어오기 전에 부장님에 관한 연구를 했답니다. 그래서 진취적인 판매부장을 상대로 할 때에 대비해서 특별히 고안해 낸 전술을 부장님에게 사용했던 겁니다.』

39. 아파트

An old country lady visited her prosperous grand-
son in the big city. He took her to his twentieth
floor apartment and proudly showed her around.

"Well, Granny," he beamed, "what do you think
of it?"

"Never have to worry about floods," opined the
old lady.

▶ prosperous : 부유한, 성공한
▶ show around : 안내하여 두루 보여 주다
▶ beam : 빙글거리다
▶ opine : 의견을 말하다

시골 할머니가 큰 도시에 나와 성공해서 잘 지내고 있는 손자를 찾아왔다. 손자는 20층에 있는 그의 아파트로 할머니를 모시고 올라가서 자랑스럽게 아파트 안을 이리저리 보여드렸다.

『할머니 저의 집 어떻습니까?』하고 손자는 싱글벙글하면서 물었다.

『물난리가 나도 끄떡없겠구나, 애』라고 할머니는 한 마디 했다.

40. 디즈레일리

During the debates in Parliament, an opponent of prime minister Disraeli, frenzied by Disraeli's persistent refusal to agree to his proposal, shouted at the head of the cabinet :

"You will die in prison of a venereal disease ! "

Disraeli shouted back : "That depends on whether I embrace your principles or your mistress ! "

의회에서 토의가 진행되는 동안 의원은 그가 제의하는 것에 디즈레일리 총리가 완강하게 반대하자 분통이 터진 나머지 총리를 보고 고함을 질렀다.

『당신은 성병에 걸려 감옥에서 죽게 될 것이오!』

그러자 디즈레일리가 응수했다.

『그야 내가 당신의 주장을 받아들이느냐 아니면 당신의 정부와 정을 통하게 되느냐에 달렸겠지요.』

41. 기원전

A lady, traveling in a set determined to outdo one another in their search for antiques, one day called upon the leader and excitedly remarked, "I came across something marvelous. A friend gave me the very cup from which Socrates drank the hem-lock."

"Are you sure it's authentic?"asked the leader.

"Authentic?" repeated the woman. "Why when they dug it up it was marked 350 B. C."

▶ outdo : 능가하다, 이기다
▶ antique : 골동품
▶ come across : (뜻밖에)발견하다
▶ hemlock : 독당근, 독약
▶ authentic : 진짜의

좋은 골동품을 구하기 위해 함께 여행나온 여성들 일행 가운데 하나가 하루는 인솔자를 찾아와 흥분하면서 말했다.

『난 굉장한 걸 구했어요. 내가 아는 사람으로부터 소크라테스가 독약을 마실 때 사용했던 바로 그 컵을 구했어요.』

『그게 진짜라는 자신이 있어요?』하고 인솔자는 물었다.

『진짜냐구요? 아니 그걸 파내놓고 보니 기원전 350년
이라고 표시되어 있더라는데요 뭐.』

42. 아데나워

> It is said that when Konrad Adenauer, former
> West German Chancellor, was laid up with the
> grippe, he chafed at his doctor and said he had to
> get better because he was scheduled to make an official
> trip abroad.
>
> "I'm not a magician," said the doctor. "I can't
> make you young again."
>
> To which Adenauer is reported to have replied :
> "I'm not asking that. I don't want to become young
> again ; all I want is to go on getting old."

▶ chafe at : ～에 짜증을 내다
▶ lay up : (병으로 사람이) 일하지 못하게 되다

서독 총리였던 콘라트 아데나워가 유행성 감기로 꼼짝 못하고 드러눕게 되자 의사에게 짜증을 내면서 해외로 업무상 여행을 떠나아 하니 빨리 일어나게 해 줘야 한다고 말했다.

『저는 요술사가 아닙니다.』라고 의사는 말했다. 『당신을 다시 젊게 해 드릴 재간이 저에게는 없습니다.』

그러자 아데나워는 『난 다시 젊어지게 해 달라는 게 아

널세. 다만 계속해서 늙어 가게만 해 달라는 걸세.』라고
응수했다는 것이다.

43. 막상막하

"That damned wife of mine is a liar ! " said the
irate husband to his friend.
"How do you know ? " the friend asked.
"Because she said she spent the night with her
sister Mary, " exclaimed the husband.
"So what ? " the friend wanted to know.
"I was the one who spent the night with Mary, "
explained the man.

▶ irate : 성난
▶ exclaim : 외치다, 소리치다

『못 된 것 같으니라구, 나한테 거짓말을 하잖아. 우
리집 여편네말이야.』하고 남편되는 사람이 성
을 냈다.

『거짓말을 한 걸 어떻게 알았지?』하고 친구가 물었
다.

『처제인 메리와 함께 밤을 보냈다니 하는 말일세.』하고
남편은 언성을 높였다.

『그게 어쨌다는 건가?』하며 친구는 물었다.

『메리와 함께 밤을 보낸 건 바로 나였단 말이야.』

44. 원 수

A patient on the operating table was just about to be anesthetized. He was screaming hysterically, "Tell me Dr. Green isn't my surgeon ! He can't be ! No, no, no ! "

The operating room team had him alomst under control when Dr. Green entered, took one look at his patient and said : "Well, well if it isn't that lawyer who tried to get me on that trumped-up malpractice suit last year ! "

▶ be about to : 막 ~하려고 하다
▶ have under control : 억누르다, 억제하다

수술대의 환자가 마취되려는 순간이었다. 그는 신경질적으로 소리소리 질렀다.

『그린 박사가 수술을 맡는 건 아니지요. 그 사람한테 맡겨서는 안 돼요, 안 된다구요! 』

수술실 사람들이 그 환자를 거의 진정시켰을 무렵 그린 박사가 나타났다. 그는 환자를 눈여겨보고는 한 마디 했다.

『이럴 수가 있나. 작년에 내가 부정요법을 썼다고 사건을 꾸며 가지고는 나를 골탕먹이려던 바로 그 훌륭한 변호사분이 아닌가! 』

45. 노　화

In the village post office a stranger saw an old man sitting on a flour barrel, whistling. A bystander informed him that the old fellow already had passed his hundredth birthday. Impressed the man exclaimed, "That's amazing!"

"We don't see nothing amazing about it around here," was the laconic reply. "All he's done is growing old — and he took longer to do that than most people would!"

▶ bystander : 방관자
▶ laconic : 간결한
▶ don't see nothing amazing : don't see anything amazing의 속된 표현

마을 우체국에 들른 타관사람은 그 고장 노인 한 분이 밀가루상자 위에 앉아 휘파람을 불고 있는 것을 발견했다. 옆에 있던 사람은 그 노인이 100살도 더 된다고 귀띔해 줬다. 손님은 감탄하면서 한 마디 했다.

『참 대단하군요!』

그러자 그 사람은 『이곳 사람들은 그게 별것 아닌 걸로들 알고 있는데요.』라고 대수롭지 않게 대답하는 것이었다. 『지금까지 해 온 일이라면 늙은 것뿐인데, 늙는 데 남들보다 시간이 더 걸렸을 뿐이죠!』

46. 구두쇠(Ⅰ)

A Scotsman was having his hair cut. The hair-dresser was as talkative as most hair-dressers are, but the Scot never said a word. At last his customer's silence was too much for him.

"Why don't you say anything?" asked the barber.

The Scot pointed to a notice above the telephone : "ALL CONVERSATIONS MUST BE PAID FOR !"

스코틀랜드의 사나이가 이발을 하고 있었다. 이발사란 으레 그러하듯 이 집 이발사도 꽤나 수다스러웠다. 그러나 손님은 일언반구 대꾸하지 않는 것이었다. 손님의 침묵이 지나치다고 생각한 이발사는 마침내 까닭을 물었다.

『어째서 한 말씀도 안 하시는 겁니까?』

그러자 손님은 전화기 위에 붙어 있는 안내문을 가리키는 것이었다.

『모든 대화에 대해서는 대가를 지불해야 합니다!』

47. 농 부

The farmer was busy working in the field when his son came running out to tell him that a man had just driven up to the house in a big automobile.

"Johnny," the farmer says, "run back to the house as fast as you can and ask that man what he is. If he says he is a law officer, lock the cellar where I keep the still. And if he says he is a salesman, just keep sitting on your ma's lap until I get there……."

▶ law officer : 관리(law enforcement officer의 준말)
▶ cellar : 지하실
▶ still : 증류기, 증류소

농부가 들에서 바삐 일하고 있는데 아들녀석이 달려 와서 어떤 사람이 큼직한 자동차를 몰고 집에 왔다고 알렸다.

『애, 너 얼른 달려가서 그가 뭐하는 사람인지 물어 보아라. 만약 관청에서 나온 사람이라고 하거든 밀주시설이 있는 지하실 문을 잠궈 버려라. 그리고 그가 물건 팔러 온 사람이라면 내가 갈 때까지 엄마 무릎 위에 꼼짝 말고 앉아 있거라.』

48. 전신개조

Doc : "Well, are you pleased with your new nose
      job?"
She : "It's O. K. but I kind of expected more for
      my money."
Doc : "What do you want for $500 ? A whole
      new body?"
She : "Could I see it?"

▶ new nose job : 코의 성형수술
▶ kind of : (미국 구어) 약간, 말하자면

의 사 :『자, 새로 손봐드린 코가 마음에 드십니까?』

여자 :『좋군요. 하지만 저는 그 정도의 돈을 들였으면 좀더 낫게 될 수 있지 않았을까 싶었는데요.』

의사 :『500달러 정도를 가지고 뭘 어떻게 해 달라는 겁니까? 온몸을 새로 만들어 달라는 건가요?』

여자 :『완전히 새로 한다구요. 아니 그럼 어떤 모습이 되는지 보여 주시지요?』

49. 새와 벌

The precocious six-year-old boy, who had completed his first day in the second year at a school, suddenly asked his parents, "What is sex?"

After an embarrassed pause, they managed to stammer out an explanation of the birds and the bees.

Puzzled, the tot pulled a school question from his pocket and asked, "How going to put all that information in little space marked 'Sex'?"

▶ precocious : 조숙한

▶ after an embarrassed pause : 당황해서 아무말 못 하고 있다가

▶ starmmer out : 더듬으며 말하다

▶ the birds and the bees : (구어) 어린아이에게 이야기해 주는 생식에 관한 기초지식

▶ puzzle : 곤혹을 느끼게 하다

2 학년으로 올라가 첫날 수업을 마치고 돌아온 조숙한 6살짜리가 부모들을 보고 느닷없이 『섹스가 뭐야?』하고 묻는 것이었다.

어리둥절해서 말문이 막힌 부모는 겨우 새들과 벌들을 들먹여 가면서 떠듬떠듬 생식작용에 관해 설명했다.

그랬더니 꼬마녀석은 학교에서 받아 온 조사카드를 호주

머니에서 꺼내 놓고 곤혹스런 표정을 지으면서 묻는 것이
었다. 『그 많은 이야기를 어떻게 이 작은 「섹스」칸에 죄다
써 넣는담 ?』

50. 시 험

"Boys" said the clergyman to the boys in the Bible
class, "You should never swear, or get excited or
angry. I never do. Now, to illustrate — you see that
big fly in my nose. Wicked people would get angry
at the fly, but I don't. I never lose my temper, I
simply say — 'Go away, fly, go away, please' —
Gee ! It's a bee, damn it ! "

『어』린이 여러분』하고 목사님은 성경학교 어린이들
에게 말했다. 『여러분은 욕설을 하거나, 흥분
을 하거나, 성을 내서는 안 됩니다. 나는 절대로 그런 일
이 없습니다. 자아, 예를 들어 봅시다 — 내 코 위에 큰 파
리 한 마리가 있지요. 심술궂은 사람들은 파리한테 성을
낼 것이지만 나는 그렇지 않아요. 나는 참을성을 잃는 일
이 없어요. 나는 다만 「파리야 가거라, 제발 가거라」라고
만 합니다. 아이구머니나, 이거 벌 아니야, 망할 놈의
것 ! 』

51. 신혼부부

The bridegroom was a sprightly 90years of age when he married Elizabeth, who was a resoundingly ripe 18-year-old. As they prepared for bed on their wedding night, he asked her :

"Tell me, did your mother tell you the facts of life ? "

She blushed furiously from her hairline to the tips of her toes.

"No, " she murmured.

"That's a great pity, " he said, "because I'm afraid I've forgotten all about them. "

▶ resoundingly : 두말 할 나위 없이
▶ the facts of life : 섹스에 관한 지식
▶ furiously : 굉장히

더 말할 나위 없이 성숙한 18세의 엘리자베스와 결혼한 신랑은 원기왕성한 90세의 노인이었다. 결혼한 날 밤 잠자리에 들 준비를 하면서 신랑이 물었다.

『어머니가 잠자리에서의 일일랑 이야기해 줬을 테지.』

아가씨는 이마에서 발 끝까지 홍당무가 되면서 『아뇨.』라고 나직이 속삭였다.

『이거 야단났군. 난 죄다 잊어버렸을 텐데.』

52. 대학생

"I sent my boy to college to get an education,"
complained one father to another, "but all he seems
to do is to shack up with coeds, smoke pot and have
a good time."

"Most college students do that today," replied his
friend.

"That's the trouble," snapped the first man. "I
should have kept him home and gone to college
myself."

▶ shack up : 동거하다
▶ coed : (미국 구어) 여대생 (남녀공학의)
▶ pot : (속어) 담배처럼 말아놓은 마리화나

『나는 아들녀석 교육시킨다고 대학교를 보냈는데 말이야, 하는 짓이라고는 여학생과 동거하며 마리화나나 피우고 신바람나게 세상을 즐기는 것뿐인 거 같아.』하고 아버지가 다른 아버지를 보고 푸념했다.

『요즘 대학생 아이들 거의 다 그렇다네.』하고 친구가 대답했다.

『그게 문제라구. 아들녀석은 집에 두고 대학에는 내가 가는 건데 그랬단 말이야.』하고 푸념을 시작한 쪽이 내뱉듯이 말했다.

53. 항 복

Lily just couldn't imagine why she was so popular.
"Is it my lovely hair ? " she asked a friend.
"No. "
"Is it my cute figure ? "
"No. "
"My personality ? "
"No. "
"Then, I give up. "
"That's it ! "

▶ cute figure : 귀여운 외관
▶ personality : 성격, 개성

릴 리는 어째서 자신이 그토록 인기가 있는지 짐작할 길이 없었다.
『내 머리가 곱기 때문일까?』하고 친구에게 물었다.
『아냐.』
『내 모습이 귀여워서?』
『아냐.』
『내 성격?』
『아냐.』
『그럼 나 손들었어.』
『바로 그거야!』

54. 건 배

An elderly gentleman went into a neighborhood bar and ordered two Scotches. He drank one, then the other. He did this every day for weeks. Finally, the bartender asked, "Why don't you order one at a time?"

"Before he died, my drinking partner asked me always when I had a drink to have one at the same time as a silent toast to him," explained the man.

Weeks later, the fellow came in and ordered only one drink. "How come?" asked the bartender. "I'm on the wagon now."

▶ a silent toast to him : 그를 위한 침묵의 건배
▶ drinking partner : 술친구

영감님은 동네 바에 와서 스카치 두 잔을 시켰다. 한 잔을 마시고 나서는 다른 한 잔을 다시 마셨다. 몇 주를 두고 매일같이 이렇게 했다. 마침내 바텐더가 물었다.

『어째서 한 잔씩 시키지 않으십니까?』

『내 술친구가 죽기 전에 나더러 술을 마실 적마다 그를 위해 침묵의 건배를 들어 달라고 했어.』라고 영감님은 설명하는 것이었다.

그로부터 몇 주가 지난 어느날, 영감님은 한 잔만을 주문했다. 『웬일이십니까?』하고 바텐더가 물었다.
　『나 술 끊었어.』

55. 전 화

The telephone rang in the school office, and the principal picked up the phone.

"I'm calling for Jimmy Jones, and he won't be at school today," said the caller. "He's sick."

"Thank you for calling," replied the principal. "And may I ask who is speaking, please?"

There was a moment's hesitation before the caller replied. "This is my mother."

▶ principal : 교장

학교 사무실에서 전화벨이 울리자 교장선생이 수화기를 집어들었다.

　『지미 존즈 때문에 전화를 걸었는데요. 지미는 오늘 학교에 가지 못합니다. 몸이 안 좋습니다.』라고 전화 건 사람은 말했다.

　『전화해 주셔서 감사합니다. 한데 댁은 뉘시지요?』하고 교장선생은 물었다.

　『우리 엄마입니다.』

56. 발치료(拔齒料)

Upon receiving the bill for the extraction of a tooth, Pete phoned his dentist and complained. "Why that's three times what you usually charge ! "

"Yes, I know, " replied the dentist, "but you yelled so loud you scared away two other patients ! "

▶ extraction of tooth : 발치(拔齒), 이 뽑기
▶ charge : (값을) 요구하다
▶ scare away : 겁을 주어 내쫓다

치과의사로부터 이를 뽑은 데 대한 청구서를 받은 피트는 전화를 걸어 항의를 했다.

『청구금액이 여느 때보다 3배나 많으니 이거 웬일입니까 ! 』

『그건 말입니다, 당신이 하도 소란을 피우는 바람에 다른 환자 두 사람이 겁을 먹고 가 버렸기 때문에 그렇게 된 것입니다 ! 』

57. 작문(Ⅰ)

The pupils were told to write a composition, and the subject was "The funniest thing I have ever seen."

In a few minutes Tom put up his hand, crying, "Please, Miss Brown, I have finished."

"You write very fast," said Miss Brown, taking up his paper. There was only one sentence and it said, "The funniest thing I have seen is too funny for words!"

▶ the funniest thing : 가장 우스운 일
▶ too funny for words : 말로 표현하기에는 너무 우스운

학생들에게 주어진 작문제목은 「내가 이제까지 봐온 가장 우스웠던 일」이었다.

몇 분이 지나자 톰은 손을 들고 큰소리로 말했다.

『브라운 선생님, 다 썼습니다.』

『너 참 빠르구나.』라고 하면서 브라운 선생은 톰의 답안지를 집어 들었다. 한 줄로 된 그의 글은 『내가 이제까지 봐 온 것 중에서 가장 우스웠던 일은 하도 우스워서 도저히 말로 표현할 수가 없다.』는 것이었다.

58. 중 고

"I hear you have a little sister ? "
"Yes, " answered the small boy.
"Do you like her ? "
"I wish it were a boy, because then I could play baseball and other games with her. "
"Then why don't you exchange her for a brother ? "
"We can't, " was the answer. "It is too late now. We have used her four days. "

『동생 아기가 생겼다면서 ? 』
『그래요.』 하고 꼬마녀석은 대답했다.
『너 그 여동생이 좋아 ? 』
『사내아이였더라면 좋았겠어요. 그럼 나하고 야구랑 다른 놀이도 함께 할 수 있을 텐데 말이에요.』
『그럼 왜 남동생으로 바꾸지 그래 ? 』
『안 되잖아요. 너무 늦었는걸요. 벌써 나흘이나 써 버렸잖아요.』

59. 제 3 인

The Sunday school teacher told her class,
"Today I'm going to tell you how the first human
was made." A boy retorted : "We all know about
that. So we'd rather hear how the third human
being was made."

▶ retort : 대꾸하다, 반박하다
▶ the third human being : 세 번째 인간, 곧 아담과 이브 다음의 인간

주일학교 선생님은 『오늘은 어떻게 해서 최초의 사람이 만들어졌는가에 관해서 이야기하겠어요.』라고 말했다.

그러자 어린 녀석 하나가 이의를 제기했다.

『그것은 우리 모두가 잘 아는 바가 아닙니까. 그러니 그보다도 세 번째 인간이 어떻게 만들어졌는가에 관해서 이야기를 들어 봤으면 좋겠어요.』

60. 착 각

A lightning bug who had fallen into the error of supposing that he was the whole thing, suspended his light for a moment while he engaged in conversation with a pincher-bug that was passing by. At that moment there was some hitch in the works at the electric-light plant, and the whole city was suddenly in darkness. And the lightning bug, thinking that it all came about because he shut off his glow, pompously remarked :

"You observe, I suppose, what shape this town would be if I were to move out of it."

▶ fall into the error of~ing : ~하는 잘못에 빠지다
▶ what shape this town would be : 이 고장이 어떤 꼴이 될 것인가

자기가 중요한 존재라고 착각하게 된 반딧불이 지나가는 집게벌레와 이야기를 나누다가 순간적으로 그의 빛을 중단시켰다. 그런데 바로 그 순간 발전소의 고장으로 온 거리가 갑자기 암흑 속에 휩싸여 버렸다. 그러자 반딧불은 자신이 빛을 발휘하지 않기 때문에 그렇게 된 것으로 착각하고 우쭐해서 한 마디 했다.

『내가 이 고장에서 떠나 버린다면 어떤 꼴이 되겠는지 알 수 있겠지.』

61. 담 보

An Indian asked an Oklahoma bank for a loan of
$300. "What security have you got?" the banker
asked him.

"Got 150 horses."

That was satisfactory so the loan was granted.

Several weeks later the Indian came into the bank,
pulled out a huge roll of bills, counted off $300 plus
interest due to the bank, and started to leave. The
banker said, "Why don't you let us take care of the
rest of that money for you? You've got an awful
lot of cash there."

"How many horses do you have?" asked the
Indian.

▶ loan : 대출
▶ security : 담보
▶ interest due to the bank : 은행에 지불해야 할 이자

인 디언이 오클라호마의 어느 은행에 가서 300달러의
융자신청을 했다.

『담보물이 뭐가 있습니까?』하고 은행원이 물었다.

『말 150마리가 있습니다.』

그것이면 족할 것으로 생각되어 돈이 대출되었다.

그로부터 몇 주 후 그 인디언은 은행에 다시 나타나 돈 뭉치를 끌러 놓더니 300달러에 이자돈을 얹어서 건네 주고는 나가려고 했다. 그러자 은행원이 물었다.

『현찰을 꽤 많이 가지고 계신데 은행에 맡겨 두시지 그러세요?』

『말은 몇 마리나 가지고 있습니까?』인디언은 물었다.

62. 상황판단

Three young women were attending the same logic class given at a college. During a lecture the professor stated that he was going to test their ability at situation reasoning.

"Let us assume," said the professor, "that you are aboard a small craft alone in the Pacific and you spot a vessel approaching you with several thousand sex-starved sailors on board. What would you do in this situation to avoid any problem?"

"I would attempt to turn my craft in the opposite direction," started the redhead.

"I would pass them, trusting my knife to keep me safe," responded the brunette.

"I understand the situation," murmured the blonde, "but I fail to see the problem."

▶ situation reasoning : 상황판단

젊은 여자 셋이 어느 대학의 논리학 강의에 나갔다. 강의 중에 교수는 상황판단능력에 대한 테스트를 했다.

『조그마한 배로 태평양 위를 항해하고 있다고 합시다. 그런데 섹스에 굶주린 수천 명의 선원을 태운 배가 나타났습니다. 이 같은 상황에서 문제를 피하려면 어떻게 하시겠어요?』하고 교수가 물었다.

『나 같으면 보트를 반대방향으로 돌리겠어요.』라고 빨간 머리가 말했다.

『나 같으면 내가 가진 칼의 힘을 믿고 그대로 지나치도록 하겠어요.』라고 말한 것은 까만 머리였다.

그러자 금발 여학생은 『나는 상황은 이해하겠으나 거기에 무슨 문제가 있다는 것인지 알 수가 없네요.』라고 말했다.

63. 통 역

A dignitary, visiting Africa, made an appearance before a large gathering of natives. He launched into a long, rambling anecdote that went on for the better part of half an hour. The natives were respectfully silent.

When he had concluded, his interpreter rose and said four words. Everyone laughed uproariously.

The dignitary was stunned. "How could you tell my story so quickly ? "

"Story too long," said the interpreter. "So I say — He tells joke. Laugh ! "

아프리카를 방문 중인 거물급 인사가 그곳 사람들이 많이 모인 자리에 나갔다. 그는 반 시간 가깝게 어떤 일화를 두서없이 늘어놓았다.

그의 이야기가 끝나자 통역이 일어나서 단 네 마디를 했다. 그러자 모두가 폭소를 터뜨렸다.

그 명사는 깜짝 놀랐다. 『어떻게 내가 한 이야기를 그토록 빨리 전할 수 있었어요?』

『이야기가 너무 길어서, 제가 「이분이 농담하는 것이니 다들 웃어요」라고 말했습니다.』

64. 부　자

Becky came to her father with her head downcast.
"Papa," she said, "you know that rich Mr. Baker?
Well, he betrayed me, and I'm going to have a
baby soon."

"My God, I'll kill him," said the father dashing
to the rich man's home.

The rich Baker was quite calm. "Don't get ex-
cited," he said, "I intend to do the right thing. If
she has a boy, she gets fifty thousand dollars. If it's
a girl, I'll give her thirty-five thousand dollars."

"And if it's miscarriage," asked the father
pleadingly, "Will you give her another chance?"

베키는 고개를 푹 숙이고 풀이 죽어서 아버지 앞에 나타났다. 『아빠, 저기 부잣집 베이커 아저씨 있잖아요. 나 그 아저씨한테 농락당해서 곧 아이를 낳게 됐어요.』

『이런, 내 이 놈을 죽여 버려야지.』하며 아버지는 그 부잣집으로 달려갔다.

돈많은 베이커는 아주 태연했다. 『흥분할 것 없어요. 적절히 처리해 드리리다. 만약 사내아이를 낳는다면 5만 달러를 줄 것이고, 계집아이라면 3만 5,000 달러를 주지요.』

『하면 유산이 되면 어떡하고? 한번 더 기회를 주겠죠?』하고 아버지는 애원조로 물었다.

65. 작문(Ⅱ)

"I want all you seniors to write an original story," ordered Miss Hanson. "Like all successful stories it must contain the four basic ingredients : religion, royalty, romance and mystery."

Before five minutes had passed, Kendrick strolled up to her desk and placed his paper before her. "I'm done ! " he said.

"Did you include the four basic ingredients ? "

"Yes. Let me read it to you."

"'Holy Moses, ' cried the Duchess, 'I think I'm pregnant ! I wonder who did it ? '"

『다들 독창적인 글을 써 보세요.』라고 미스 핸슨은 졸업반 학생들에게 지시했다. 『모든 성공적인 작품이 그러하듯이 여러분의 글에도 네 가지 기본요소가 포함되어야 하는데, 그것은 종교와 귀족과 로맨스와 미스터리입니다.』

5분도 채 되기 전에 켄드릭이 선생한테로 걸어나가 답안지를 제출했다.

『네 가지 기본요소를 다 포함시켰어요?』하고 선생님이

물었다.

『예. 제가 읽어드리죠.』

『「성스러운 모세여」하고 공작부인은 말했다. 「나 임신했나 봐. 이게 누구 짓이람 ? 」』

66. 찬 사

> For fully fifteen minutes an overbearing Washington toastmaster extolled the virtues of the guest of honor. It was becoming embarrassing. Just as the toastmaster paused to think up a few more phrases to end his introduction, the wife of the celebrated guest leaned over to her husband and in a voice that was louder than she intended it to be, remarked : "Hello, God ! "
>
> The toastmaster burst into a wave of laughter.

워싱턴의 한 모임에서 사회를 맡은 사람은 거드름빼면서 주빈을 치켜올리는 말을 에누리없이 15분이나 늘어놓았다. 그의 말은 듣는 이들을 곤혹스럽게 했다. 그가 소개말을 끝맺기 위해 마지막 몇 마디를 생각해 내려고 머뭇거리자 주빈의 부인이 남편 쪽으로 기웃하면서 귀엣말을 했는데 그녀의 언성은 본의 아니게 높았다.

『이봐요, 하나님 ! 』

사회자는 그만 폭소를 터뜨렸다.

67. 와신상담

A newspaper was running a contest to discover the most high-principled, sober, well-behaved local citizen. Among the entries came one which read :

"I don't smoke, touch intoxicants or gamble. I am faithful to my wife and never look at another woman. I am hard-working and obedient. I never go to the movies, and I go to bed early every night and rise at dawn. I attend chapel every Sunday."

"I've been like this for the past three years. But just wait until next spring, when they let me out of here."

▶ high-principled : 고상한 원칙을 가진
▶ sober : 술 마시지 않은, 제정신의
▶ well-behaved : 행실 좋은
▶ entry : (경기 따위의) 참가자
▶ intoxicant : 취하게 하는 것, 알코올 음료

신문사가 술 안 마시고 행실 좋고 원칙대로 살아가는 시민을 찾아내기 위한 콘테스트를 벌였다. 그런데 그 중에는 다음과 같이 적어 보낸 사람이 있었다.

『담배 안 피우고, 술하고는 담을 쌓았으며 도박도 하지 않습니다. 아내에게 충실하며 딴 여자일랑 바라보지를 않

습니다. 부지런히 일하며 고분고분 순종합니다. 영화관에는 가는 일이 없고, 일찍 자고 새벽녘에 일어납니다. 일요일마다 교회에 나갑니다.』

『나는 과거 3년간을 이렇게 지내왔습니다. 하지만 여기서 나가게 될 명년 봄까지만 두고 보시라구요.』

68. 전 화

Pelton presented himself at the office of the telephone company and requested a fifty-foot extension cord for his phone.

"Why do you need such a long cord?" asked the clerk.

"I want my teenage daughter to spend a little more time outdoors now that it's summer," he replied.

▶ present oneself at : ~에 출두하다
▶ extension cord : 연장코드

펠튼은 전화회사에 가서 그의 집 전화에 연결시킬 50피트짜리 연장코드를 청구했다.

『어째서 그렇게 긴 코드가 필요합니까?』하고 직원이 물었다.

『이제 여름철이 되었으니 우리 딸아이가 뜰에서 좀 많은 시간을 보내 줬으면 해서요.』

69. 관광객

A young American woman stood before Beethoven's piano in a Vienna museum. Presently she struck off a few discordant notes. "I suppose," she said to the attendant, "that many noted musicians have inspected this instrument."

"Oh, yes," replied the man, "Recently Paderewski was here."

"Paderewski！" exclaimed the visitor, "Certainly he must have played something wonderful."

"On the contrary ; he did not feel worthy to touch it."

젊은 미국여자가 빈의 한 박물관에 있는 베토벤의 피아노 앞에서 발걸음을 멈췄다. 그리고는 곧 건반을 두드려 불협화음을 일으켰다. 『많은 저명한 음악가들이 이 피아노를 구경하고 갔을 테죠.』라고 여자는 안내원에게 말했다.

『그럼요. 최근에는 파데레프스키가 다녀갔습니다.』라고 안내원은 대답했다.

『파데레프스키요！』여자는 탄성을 올렸다. 『그렇다면 틀림없이 뭔가 훌륭한 걸 연주했겠군요.』

『천만에요. 그분은 자기는 이걸 만져 볼 자격조차 없는

걸로 생각하더군요.』

70. 공 룡

A tourist was visiting New Mexico. While gazing at the dinosaur bones that were everywhere, he met an old Indian who acted as an unofficial guide.

"How old are these bones?" asked the tourist.

"Exactly one hundred million and three years old," was the Indian's reply.

"How can you be so definite?" inquired the tourist.

"Oh, a geologist told me they were one hundred million years old," replied the Indian, "and that was exactly three years ago."

뉴 멕시코주로 가서 사방에 흩어져 있는 공룡의 뼈를 바라보고 있던 관광객은 그곳에서 비공식 안내원 역할을 하고 있는 인디언 노인과 만났다.

『이 뼈는 얼마나 된 것입니까?』하고 관광객은 물었다.

『꼭 1억 3년이 됩니다.』라고 인디언 노인은 대답했다.

『어떻게 그렇게 정확히 아십니까?』 관광객은 다시 물었다.

『지질학자가 1억 년 된 거라고 하더군요.』하고 노인은 대답했다. 『그게 꼭 3년 전의 일이었습니다.』

71. 공부지옥

Miss Welborne asked her class to write an essay on what they would do if they had a millon dollars. Everyone except little Dennis began writing immediately. When the teacher collected the papers, she discovered that Dennis had handed in a blank sheet.

"What's this, Dennis? Everyone else handed in two sheets or more and you've done nothing!"

"Well," replied the youngster, "that's what I'd do if I had a million dollars."

▶ blank sheet : 백지
▶ hand in : 제출하다

웰본 선생은 학생들에게 만약 100만 달러가 생긴다면 어떻게 하겠느냐는 제목으로 글을 쓰게 했다. 어린 데니스를 제외하고는 모두가 당장 글을 쓰기 시작했다. 답안지를 받은 선생은 데니스가 백지를 내놓은 사실을 발견했다.

『이거 웬일이지, 데니스? 다들 두 장 이상을 써냈는데 너는 아무것도 안했구나!』

『저어, 100만 달러가 있다면 그렇게 하고 싶단 말이에요.』라고 꼬마는 대답했다.

72. 임신부

A little girl stared with fascination at the pregnant woman walking alongside her in the park. "What's that?" she asked, pointing to the woman's blossoming stomach.

"That's my own sweet baby," said the mother-to-be.

"Do you love him?" asked the child.

"Of course I do," the woman said. "I love him very much."

Whereupon the little girl exclaimed accusingly, "Then, how come ate him?"

▶ mother-to-be＝pregnant woman : 임신부
▶ accusingly : 나무라면서

어린 계집아이는 공원에서 나란히 거닐게 된 임신한 여자를 넋을 잃고 바라보더니 그 불룩한 배를 가리키면서 묻는 것이었다. 『그게 뭐예요?』

『내 귀여운 아가란다.』라고 임신부는 대답했다.

『아줌마는 아가를 사랑해요?』

『물론이지. 무척 사랑한단다.』

그러자 아이는 나무라는 투로 언성을 높였다.

『그럼 어째서 먹어 버렸어요?』

73. 관료주의(Ⅰ)

A government employee, fresh out of agricultural college, was making a governmental inspection of a North Darkota farmer's land and stock. He told them he was making an appraisal so that the government could help the farmer get out of the red. So he inspected everything, making careful notes in a neat little notebook. When he thought he had everything listed, he saw an animal stick its head around the side of a barn. "What's that thing, and what's it for ? " asked the young man.

최근에 농과대학을 졸업하고 정부관리가 된 사람이 미국 노스 다코타주의 어느 농가에 가서 농지와 가축에 대한 조사를 하고 있었다. 그는 농촌이 적자에서 헤어나도록 정부가 구제하기 위해 현지답사를 하게 된 것이라고 설명했다. 그는 일일이 새 수첩에 기입하면서 온갖 것을 조사했다. 마침내 이제 죄다 기록되었다고 생각하고 있는데 짐승 한 마리가 나타나더니 헛간 옆쪽을 머리로 푹 푹 쑤시고 다니는 것이었다.

『저건 뭡니까, 뭐에 쓰는 겁니까?』하고 젊은 관리는 물었다.

74. 관료주의(Ⅱ)

It was an old goat but the farmer wasn't going to help the all-knowing young inspector. "You're the expert," said the farmer disdainfully. "You tell me."

Consequently the young man sent off a wire to Washington D.C. asking them to identify for him "a long, lean object with a bald head, chin whiskers, an empty, lean stomach, a long, sad face, and cadaverous eyes."

The next day he got a reply from the Secretary of Agriculture : "You blithering idiot, that's the farmer ! "

그것은 늙은 염소였으나 농부는 이 젊은 만물박사 검사관에게는 가르쳐 주려 하지 않았다.

『당신은 전문가가 아니오. 뭔지 어디 말해 봐요.』하고 농부는 경멸조로 말했다.

결국 젊은 관리는 워싱턴에 전보로 문의했다. 『대머리에 턱수염, 텅비어 말라들어간 배, 구슬픈 표정의 길쭉한 얼굴, 그리고 송장에서나 볼 수 있는 것과 같은 눈을 가진 갸름하고 야윈 것.』이 있는데 이것의 정체가 뭔지 알려 달라고 했다.

이튿날 농무장관으로부터 회신이 왔다. 『이런 얼빠진 바보야, 그게 바로 농부잖아! 』

75. 장기(長技)

While questioning a suspect, the police detective leafed through the man's folder. "I see here," he said, "that you have a string of previous arrests. Here's one for armed robbery, hit and run driving, sexual assault, sexual assault, sexual assault……."

The felon replied modestly, "Yes, sir, it took me a little while to find out what I do best."

▶ police detective : 형사
▶ armed robbery : 무장강도
▶ sexual assault : 강간

피의자를 심문하던 형사는 그 사내의 조사기록을 뒤졌다.

『여기 보니 당신은 전과가 수두룩하군. 무장강도 한 건에, 뺑소니 운전, 강간, 강간, 강간…….』

흉악범은 점잖게 한 마디 했다. 『네에 그렇군요. 듣다 보니 내 장기가 뭔지를 알겠어요.』

76. 노익장

An octogenarian married a beautiful teenage girl.

A sex researcher, interviewing the old man, remarked, "It's amazing that an eighty-year-old man can handle such a task."

"Oh, I get some help," the octogenarian said. "When I want to have sex my grandson helps me climb aboard. And my three grown sons help me to get off."

"Why do you need so many to help you get off?" the researcher asked.

"Because I fight like hell," he replied.

▶ octogenarian : 80세의 노인
▶ like hell : (구어) 맹렬히, 결사적으로

80대 노인이 예쁜 10대 아가씨와 결혼했다. 노인과 인터뷰하던 섹스문제 조사원은 『팔순에 그런 일을 해내시다니 정말로 장하십니다.』라고 한마디했다.

『더러 도움을 받는다네. 시작할 때엔 손자녀석이 도와 주고, 끝날 때엔 다 큰 아들놈 세 명이 도와 준다네.』라고 노인은 말했다.

『어째서 끝날 때엔 그렇게 많은 사람이 있어야 합니까?』하고 조사원은 물었다.

『내가 기를 쓰고 반항하니 그럴 수밖에.』

77. 나가 놀아라

A tired entrepreneur got on a plane and, after settling himself in his seat, prepared to take a nap. Across the aisle, however, a little boy was doing everything possible to annoy him. After catching the child's rubber ball with his face for the third time, he said to the little boy loud enough for the mother to hear : "Young man, why don't you go outside and play ? "

▶ entrepreneur : (프랑스어)기업가
▶ aisle : (극장·열차 등의) 통로
▶ nap : 낮잠

피곤한 기업가는 비행기에 올라 제자리에 앉자 낮잠을 청했다. 그런데 통로 저쪽 편에 자리잡은 꼬마 녀석이 온갖 짓을 다 하면서 그를 괴롭혔다. 녀석의 고무공에 세 번이나 얼굴을 얻어맞자 기업가는 아이의 어머니가 들을 수 있는 정도의 큰 소리로 한 마디 했다.
『애, 너 밖에 나가 놀지 그래?』

78. 해 방

Natalie, a pretty model, took her troubles to psychiatrist.

"Every time a man takes me out I wind up in bed with him. And then afterward I feel guilty and depressed all day long."

"I see," nodded the doctor. "And you want me to strengthen your will power."

"Heavens, no!" exclaimed the girl. "I want you to fix it so that I won't feel guilty and depressed afterward."

예쁜 모델 나탈리는 고민거리를 안고 정신과 의사를 찾았다.

『남자와 데이트를 하기만 하면 결국 잠자리를 함께 하곤 합니다. 그러고 나서는 진종일 죄책감과 울적한 기분에 시달려야 합니다.』

『알겠어요.』하고 의사는 고개를 끄덕였다.

『그러니 나더러 의지력을 강하게 해 달라는 거군요.』

『천만에요.』하고 아가씨는 언성을 높였다.

『죄책감이나 울적한 기분이 뒤따르지 않게 해 주십사는 거예요.』

79. 이부(異父)

One of the ancient Roman emperors, while walking through the streets of Rome one day, came upon a young man who was his exact double.

Both of them recognized the similarity of face and form. The emperor stopped the young man, and after a few moments of inspection, said, "Was your mother ever in Rome?"

"No, Your Highness," replied the other, "but my father was."

▶ double : 똑같이 닮은 사람
▶ come upon : ～를 우연히 만나다
▶ similarity : 유사성
▶ Your Highness : 폐하, 전하

옛 로마의 어느 황제가 어느날 로마 거리로 나왔다가 그를 꼭 닮은 청년을 발견했다.

두 사람은 서로 얼굴과 체격이 닮았음을 깨달았다. 황제는 그 청년을 멈춰 서게 하고는 잠시 그를 살펴보고 나서 물었다.

『네 어머니가 일찍이 로마에 왔던 적이 있으렷다?』

『폐하, 그런 것이 아니오라 소인의 아버지가 로마에 다녀갔사옵나이다.』

80. 건망증

An absent-minded man tied a string around his finger in the early afternoon to remind him when he got home that there was something he wanted to be sure to do. After dinner, while reading his paper, he noticed the string but couldn't remember why he put it there. He decided if he sat up long enough, the reason for the string would come to him. And surely enough, around two o'clock in the morning it did — he wanted to go to bed early that night.

▶ absent-minded : 방심상태의, 멍하고 있는, 얼빠진
▶ sit up : 자지 않고 일어나 있다

건망증이 심한 사람이 집에 돌아가서 꼭 해야 할 일을 자신에게 일깨워 주기 위해 그날 이른 오후 손가락에 끈을 매어 놓았다. 저녁식사를 하고 나서 신문을 읽고 있던 그는 그 끈을 눈여겨보게 되었으나 왜 그것을 손가락에 매어 놓았는지 생각이 나지 않았다. 그는 오래 앉아 있노라면 그 끈의 사연이 머리에 떠오르겠거니 생각했다. 그랬더니 과연 새벽 2시쯤이 되자 기억이 떠올랐다. 그날 밤에는 일찌감치 잠자리에 들기로 작정했던 것이다.

81. 고용(I)

Two men were watching a big excavation job being done by machinery. "If it wasn't for those damned machines," said one, "a thousand men might be using shovels."

"Yes," replied the other, "and if it wasn't for those damned shovels, a million men might be using spoons."

▶ excavation : 땅파기
▶ machinery : 기계장치, 기계
▶ if it was not for : 만약 ~이 없다면(정확하게는 if it were not for)

두 사나이가 흙 파내는 일을 기계들이 해 내고 있는 광경을 지켜보고 있었다.

『저놈의 기계들이 없다면 1,000명의 사람들이 투입되어 삽질을 하고 있을 터인데 말야.』라고 한 사내가 말했다.

『그럴 테지』하고 상대편이 응수했다. 『한데 그놈의 삽이 없다면 100만 명이 투입되어 숟가락으로 퍼내고 있을 텐데.』

82. 2월 30일

Judge : "Is it true that you stole the car on Feb.
30 ? "
Defendant : "There's no such a thing as Feb. 30,
Your Honor. "
Judge : "You stole that, too ? "

▶ defendant : 피고
▶ Your Honor : 재판관에 대한 존칭

판 사 : 『피고는 2월 30일에 그 차를 훔쳤다는데, 사실인가요 ? 』
피고 : 『판사님, 2월 30일이라는 건 없습니다요. 』
판사 : 『그럼 피고는 그것마저 훔쳤더란 말인가요 ? 』

83. 상 벌

Great Uncle Alphonse, who had lived a good life for 96 years, finally died and went to his glory. An old friend soon joined Alphonse, and found him seated on a fluffy pink cloud, with a very pretty young wench at his knees. Before this touching picture, the new comer said, "I'm so happy to see you've received the reward you deserve." Alphonse sighed, "She isn't my reward. I'm her punishment."

알퐁스 종조부께서는 96세까지 잘 사시다가 마침내 숨을 거두고 승천하셨다. 얼마 후에는 친구되는 분도 알퐁스 영감님의 뒤를 따라 저승으로 가게 되었는데, 거기 가 보니 알퐁스 할아버지는 아주 예쁜 아가씨를 무릎 위에 앉혀 놓고 솜털 같은 핑크색 구름 위에 앉아 있는 것이었다. 새로 온 사람은 이 감동적인 장면을 보자 『마땅히 받아야 할 이런 보답을 받은 걸 보니 정말로 기쁘네.』라고 했다. 그러자 알퐁스 할아버지는 한숨을 지으면서 대답하는 것이었다. 『이 여자는 나에게 상으로 주어진 게 아닐세, 이 여자에게 벌을 주기 위해 나를 이렇게 붙여 놓은 거라네.』

84. 희극배우

When you're a comic everybody thinks everything you say is intended to be or has to be on the humorous side. The other day I said I had a headache, my chest hurt, I had terrible pains in my back and my tongue was coated. One of the fellows at the club said he didn't think my remarks were especially funny.

▶ on the humorous side : 유머적 측면을 가진
▶ tongue is coated : 설태가 끼다
▶ remark : 말 (특히 의견이나 논평)

사람들은 코미디언이 하는 말은 무조건 남들을 웃기기 위한 것이어야 하며 그래서 유머가 있는 것이어야 한다고들 생각한다. 일전에 나는 두통이 심한데다가 가슴이 아프고 등에까지 심한 통증을 느꼈을 뿐 아니라 혓바닥에는 설태가 끼여 있었다. 그래서 사실을 말했더니 클럽 사람 하나가 한다는 소리가 내 말이 하나도 재미가 없다는 것이었다.

85. 형 제

In the time of the Crusades, a knight about to set off on an expedition strapped a chastity belt around his lovely wife, — and then entrusted the key to his younger brother.

Holding out the key, he admonished his brother, "If I fail to return in ten years, you will use this key to set my lady free."

Then he rode away at the head of his band of warriors.

He hadn't traveled five miles before he heard hoofbeats behind him.

He looked back and there was his brother in hot pursuit.

"What is the matter, my brother?" he inquired.

"You gave me the wrong key."

십 자군 시절의 이야기다. 원정길에 오르게 된 기사는 어여쁜 그의 아내에게 정조대를 채웠다. 그리고는 그 열쇠를 동생에게 맡겼다.

『10년이 지나도 내가 돌아오지 않는다면 이 열쇠를 가지고 이 여자를 해방시켜 주도록 하라.』고 그는 동생에게 당부했다.

그리고는 무사들을 거느리고 원정길에 올랐는데 5마일도 채 가기 전에 뒤에서 말이 달려오는 소리가 들렸다. 뒤돌아보니 동생이 바짝 뒤쫓아 오고 있었다.

『웬일이야?』하고 그가 물었다.

『형님, 이 열쇠가 아닌데요.』

86. 봉 사

A decrepit old man hobbled into the doctor's office. "You've got to help me. I can hardly move."

"Are you a drinking man?" the physician asked.

"No," replied the old man.

"Do you smoke?"

"No."

"Well, we can rule out sex," smiled the doctor.

"Why, my wife and I do it seven nights a week."

"What? You 90-year-old man still serve your woman seven nights a week, 52 weeks a year?"

"No, only 50 weeks."

"What about the other two weeks?"

"That's when the man who lifts me on and off takes a vacation."

▶ decrepit : 노쇠한
▶ hobble : 절름거리다
▶ rule out : 배제하다, 논외로 하다

늙 고 노쇠한 영감이 비틀거리면서 병원에 나타났다.

『기동하기 어려우니 어디 좀 봐 주시오.』

『술 하십니까?』하고 의사가 물었다.

『아뇨.』

『담배는요?』

『안 피워요.』

『섹스생활이야 있을 리가 없겠죠?』하고 의사는 미소를 지으면서 말했다.

『천만에. 우리 부부는 매일밤 즐기는 걸요.』

『아니, 아흔 살 되신 분이 1년 52주 동안 하룻밤도 거르지 않고 아직도 부인을 위해 봉사하고 계시다는 말씀이신가요?』

『52주가 아니라 50주라구요.』

『어째서 두 주는 빠집니까?』

『그건 잠자리 시중들어 주는 사람이 휴가 가는 때라서.』

87. 피카소

The famous painter Picasso was having some friends to lunch in his house in the south of France. One of them looked around and said, "I notice you don't have any Picassos on your walls. Why is that ? Don't you like them ? "

"On the contrary, " Picasso replied, "it's just that I can't afford them. "

▶ Picassos : 피카소의 그림들
▶ on the contrary : 그러하기는커녕
▶ afford : ～할(돈·시간 따위) 여유가 있다

유명한 화가 피카소가 프랑스 남부지방의 그의 집으로 친구 몇 사람을 불러다가 점심을 하고 있었다. 친구 한 사람이 집 안을 둘러보더니 한 마디 했다.

『피카소 그림은 하나도 걸려 있지를 않으니 웬일인가. 자신의 그림을 좋아하지 않는다는 말인가 ?』

『천만에』하고 피카소가 응수했다. 『너무 비싸서 도저히 가지고 있을 수가 없다네.』

88. 목걸이

At a reception, a very pretty girl was wearing around her neck a thin chain from which hung a tiny golden airplane. One of the young men in the party stared at it, so that the girl finally asked him. "Do you like my little plane?"

"As a matter of fact," he replied, "I wasn't looking at it. I was really admiring the landing field."

▶ stare : 응시하다
▶ as a matter of fact : 사실은
▶ landing field : 착륙장

파티에 나온 무척 예쁜 아가씨는 가느다란 사슬의 목걸이를 하고 있었는데 목걸이 끝에는 금으로 만든 비행기 모형이 달려 있었다. 파티에 나온 젊은이 한 사람은 목걸이에 달린 비행기를 넋을 잃고 바라봤다. 그러자 마침내 아가씨가 물었다.

『저의 비행기가 마음에 드시나보죠?』

『실은 난 비행기를 바라보고 있었던 게 아닙니다.』라고 청년은 대답하는 것이었다.

『난 그 비행기의 착륙장을 감상하고 있었던 겁니다.』

89. 공갈(Ⅰ)

Pat and Mike went into the fancy restaurant and ordered the deluxe dinner. Then Mike haughtily called for the manager.

"There's a fly in my soup." he said angrily to the man. "This is terrible. I never expected such a thing to happen on this place of all places."

"Ssh," place the manager. "Not so loud. These things can happen. Won't you gentlemen have dinner on the house?"

After dinner the two men left and Mike pointed to a drugstore across the street. "Could you go for an icecream soda?" he asked Pat. "I've got one more fly left."

▶ fancy restaurant : 일류 레스토랑
▶ deluxe : 호화판의, 사치스런
▶ have dinner on the house : 돈 안 내고 식사하다

패트와 마이크는 일류 레스토랑에 가서 호화판 식사를 주문했다. 그리고는 마이크가 오만불손하게 지배인을 불렀다.

『수프 속에 파리가 들어 있으니 이런 끔찍한 일이 어디 있어요. 딴 데 같으면 몰라도 이런 식당에서 어떻게 이런

일이 있을 수 있어요?』하고 그는 화를 냈다.

『제발 조용히 해 주세요.』하며 지배인은 사정을 했다.

『이런 일은 간혹 있기 마련입니다. 대신 손님들의 식대는 받지 않겠습니다.』

두 사람이 식사를 마치고 나오자 마이크는 길 건너편 드러그스토어를 가리켰다.

『저기 가서 이이스크림 소다 먹는 게 어때? 파리 한 마리가 아직 남아 있다네.』

90. 연 령(Ⅰ)

Conductor : "You will have to pay fare for that child, lady. He's over twelve."

Woman Passenger : "How can he be over twelve when I've only been married ten years."

Conductor : "Lady, I just collect fares — not confessions."

▶ fare : 요금, 운임
▶ confession : 자백, 고백

차 장 : 『부인, 그 아이도 요금을 내야 합니다. 열두 살이 더 됐을 테니까요?』

여자승객 : 『아니 내가 결혼한 지 10년밖에 안 되는데 어떻게 이 아이가 열두 살도 더된다는 말입니까?』

차장 : 『부인, 저는 요금만 받으면 됩니다. 부인의 고백을 받아야 할 필요는 없습니다.』

91. 구 설

> "I'm mad at you," Ellen told her friend. "Helen told me you told her the secret I told you not to tell her."
>
> "But," said her chum, "I told her not to tell you I told her."
>
> "Well, I guess that's all right this time," said Ellen, "but please don't tell her that I told you that she told me that you told her."

▶ mad : angry
▶ chum : (구어) 친구

『나화났단 말이야.』하고 엘렌이 친구를 보고 말했다. 『헬렌이 그러는데, 그 애한테는 입 밖에 내지 말라면서 내가 해 준 그 비밀 이야기를 네가 죄다 털어놓았다면서.』

『하지만』하며 친구는 변명을 했다. 『너한테는 절대로 그런 소리 말라고 했었는데.』

『이번엔 그쯤으로 해 두자. 하지만 네가 헬렌에게 그런 소리를 했다는 걸 헬렌이 다시 나에게 전하더라는 말을 제발 입 밖에 내지 마.』

92. 광 고

A nightclub in Hollywood is credited with having created the single most effective selling sentence of all times.

It simply said :

"Twenty-five beautiful girls…… And twenty-four beautiful costumes ! "

▶ be credited with : (공적이나 능력 따위) 인정하다
▶ selling sentence : 판매용 선전문
▶ costume : (특히 여성의)복장

할리우드의 어느 나이트클럽은 일찍이 볼 수 없었던 유효적절한 내용의 고객유치용 선전문을 고안해 낸 것으로 정평이 있다.

그 내용은 단지 다음과 같은 것이었다.

『25명의 미녀들과……24벌의 아름다운 의상이 등장합니다.』

93. 에디슨(Ⅰ)

When Western Union offered to buy the ticker invented by Thomas Edison, the great inventor was unable to name a price.

Edison asked for a couple of days to consider it. As he talked the matter over with his wife, she suggested he ask $ 20, 000, but this seemed exorbitant to Edison.

▶ Western Union : 미국에 있었던 전보회사
▶ ticker : (전신용)전신 수신기
▶ name a price : 가격을 정하다
▶ exorbitant : (값·요구 따위)엄청나는, 어림없는, 과대한

웨스턴 유니언 전보회사가 토머스 에디슨이 발명한 전신 수신기를 사겠다고 나섰을 때, 이 위대한 발명가는 얼마를 달라고 해야 할지 짐작할 수가 없었다.

그래서 생각해 보겠으니 며칠 말미를 달라고 했다. 부인하고 이 문제를 이야기했더니 2만 달러를 요구하라는 것이었으나 에디슨의 생각으로는 그것은 터무니없이 많은 금액인 것 같았다.

94. 에디슨(Ⅱ)

At the appointed time, Edison returned to the Western Union office. He was asked to name his price. "How much ? "asked the Western Union official.

Edison tried to say $ 20,000, but lacked the courage, and just stood there speechless.

The official waited a moment, then broke the silence and said, "Well, how about $ 100,000 ? "

▶ speechless : 말 못하는, 말하지 않는

약속된 시간에 에디슨은 다시 웨스턴 유니언 전보회사로 찾아갔다. 회사측에서는 그에게 값을 물었다. 『얼마면 되겠습니까 ?』하고 회사의 담당자는 묻는 것이었다.

에디슨은 2만 달러를 요구하려고 했으나 차마 입이 떨어지지 않아서 묵묵히 서 있기만 했다.

잠시 기다리더니 그 담당자가 침묵을 깨면서 묻는 것이었다. 『저어, 10만 달러 정도면 어떻겠어요 ?』

95. 양 심

A Republican candidate was handshaking his way down a village street. Encountering one very old man he said : "I'd sure appreciate your vote for me."

"No, sir," said the old fellow, "I'm a Democrat."

"Well," said the candidate, "I've looked in all the books and talked to lawyers, and there's nothing that says a Democrat can't vote for a Republican."

"Maybe there's no law against it," said the old man, "but there's a conscience against it."

▶ handshake one's way down the street : 거리를 지나가며 사람들과 악수하다

▶ a conscience against it : 그것을 금지하는 양심

공화당 후보가 어느 시골 마을에서 악수하며 다녔다. 한 늙은이와 마주치자 그는 『한 표 찍어 주시면 정말 고맙겠습니다.』라고 말했다.

『천만에요. 난 민주당이오.』라고 노인은 대답했다.

『글쎄요. 책을 뒤져 보고 변호사들에게도 알아봤지만 민주당원이라 해서 공화당원에게 찍지 말라는 법은 없는데요.』

『그렇게 하지 말라는 법은 없을는지 모르지만 양심이 있잖소!』라고 노인은 대답했다.

96. 구충제

"Gimme a shot of bourbon and a shot of water," said the heavy drinker to the bartender. When the order was placed before him on the bar, the lush pulled a worm from his pocket and dropped it into the glass of water. After watching it swim around for a few seconds, the man drew the worm from the water and dropped it into the whiskey. It wriggled briefly, then died.

"You see that?" said the lush to the bartender. "It proves that if you keep on drinking whiskey you'll never have worms."

『버』번 한 잔에 물 한 잔 주시오.』하고 술꾼은 바텐더를 보고 말했다. 주문한 것이 그의 앞에 놓이자 취한은 호주머니에서 지렁이 한 마리를 꺼내더니 물이 든 글라스에 집어넣었다. 물속에서 헤엄치며 다니는 지렁이를 잠시 바라보던 그는 그것을 꺼내 이번에는 버번 글라스에 집어넣었다. 지렁이는 잠시 꿈틀거리더니 그만 죽어버렸다.

『봤지?』하고 취한은 말했다. 『위스키만 계속 마시면 절대로 기생충이 생기지 않는다는 게 증명되고 있잖소.』

97. 남의 떡

On one of those inane game shows the master of
ceremonies asked an old man, "So you've been
married for fifty years, sir. Tell me what appeals to
you most in married life?"

"Other men's wives," was the candid reply.

▶ inane : 어리석은, 공허한, 텅빈
▶ master of ceremonies : 사회자
▶ candid : 솔직한, 숨김없는, 거리낌없는

그 유치한 어느 게임쇼에서 사회자는 노인 한 분을
보고 물었다.

『그러니까 영감님께서는 결혼하신 지 50년이 되시는군
요. 결혼생활을 하시면서 제일 매력을 느꼈던 게 무엇인지
말씀해 주십시오.』

『남의 마누라더군.』하고 영감님은 거침없이 털어 놓았
다.

98. 혼 돈

The young mother skeptically examined a new educational toy. "Isn't it rather complicated for a small boy?" she asked the salesclerk.

"It's designed to adjust the tot to live in today's world, madam," the shop assistant replied. "Any way he tries to put it together is wrong."

▶ skeptically : 회의적으로, 의심스럽게
▶ complicated : 복잡한
▶ salesclerk : 점원
▶ tot : 어린이
▶ put together : 결합하다

새로 나온 교육용 장난감을 이리저리 살피고 있던 젊은 어머니는 납득하기 어렵다는 표정이었다.

『이거 어린아이들의 장난감 치고는 너무 복잡한 게 아니예요?』하고 그녀는 점원에게 물었다.

『그건 오늘의 세상을 살아나갈 수 있도록 어린이들을 적응시키려는 의도에서 고안된 것입니다.』라고 점원은 말했다. 『아무리 뜯어맞춰 보려고 해도 안 되게 되어 있어요.』

99. 술꾼(I)

A man was in the habit of spending his evenings after supper at the local tavern. His wife was unhappy about this, and one evening she determined to go herself to this tavern and see what he was doing there.

She found her husband sitting at the bar, drinking liquor. She sat beside him, asked him what he was drinking, and he told her bourbon. She ordered some bourbon, drank a large gulp from the glass and then made a face.

Her husband noticed her expression and said, "And you thought I came here every evening to enjoy myself."

▶ be in the habit of : ～하는 버릇이 있다
▶ tavern : 술집
▶ a large gulp : 입 속에 하나 가득 꿀꺽 마시는 것
▶ make a face : 얼굴을 찌푸리다

저녁식사를 하고 나면 으레 동네술집에 나가 저녁시간을 보내곤 하는 사내가 있었다. 이것을 못마땅하게 여긴 부인은 어느 날 저녁 직접 술집에 나가 남편이 무엇을 하고 있는지 알아보기로 했다.

남편은 바에서 술을 마시고 있었다. 곁에 가서 뭘 마시고 있느냐고 물으니 버번이란다. 아내도 버번을 시켜 한 모금 꿀꺽 마시더니 오만상을 찌푸렸다.

이것을 눈치챈 남편은 한 마디 했다.『내가 매일 밤 여기 와서 큰 재미나 보는 줄 알았지 ?』

100. 횡 령

The burglars had tied and gagged the bank cashier after extracting the combination to the safe and had herded the other employees into a separate room under guard. After they rifled the safe and were about to leave the cashier made desperate pleading noises through the gag. Moved by curiosity one of the burglars loosened the gag.

"Please ! " whispered the cashier, "take the books, too : I'm $ 10, 500 short. "

▶ gag : 입을 틀어막다
▶ bank cashier : 은행의 출납책임자
▶ combination to a safe : 금고를 열기 위한 숫자들의 결합
▶ extract : (사람에게서 정보 따위를)얻다
▶ rifle : 샅샅이 뒤지다, 강탈하다

도둑들은 출납담당자로부터 금고의 번호를 알아내고는 그를 포박하여 입을 틀어막고, 다른 행원들은

딴 방으로 틀어넣어 감시했다. 금고 속을 털어 가지고 막 떠나려는데 입을 틀어막아 놓은 출납담당자가 필사적으로 뭔가를 하소연하고 있었다. 이상히 여긴 도둑 하나가 그의 입을 풀어 주었다.

『제발 장부도 함께 가지고 가 주시오. 지금 1만 500달러가 축나 있어요.』라고 그는 살며시 애원하는 것이었다.

101. 수　프

"You could have cooked more soup," Mr. Blom told his wife.

"Why, was it that good?"

"There was enough salt in it for 15 servings!"

▶ serving : 음식을 차려 내는 것

『**수**프를 좀더 만드는 건데 그랬어.』하고 블롬 씨가 아내에게 말했다.

『아니, 그렇게나 맛있던가요?』

『15인분 수프에 넣을 만큼의 소금이 들어갔더란 말이오.』

102. 충격요법

A French woman was commiserating with a friend on her husband's habit of coming home at a very early hour in the morning.

She said, "My husband used to do the same thing. But I finally discovered a way to clear up the problem. When he sneaked in, I called out to him, 'Is that you, Pierre?'"

"But how did that help," asked her friend.

"Oh, but you must understand—my husband's name is Henri!"

▶ commiserate : 가엾게 여기다, 동정하다
▶ at a very early hour in the morning : 새벽 녘에

어떤 프랑스 여자가 새벽녘에야 귀가하는 남편의 습관 때문에 고민하는 친구에게 동정하면서 한 마디 했다.

『우리 남편도 그랬어. 하지만 급기야는 문제를 해결하는 방법을 찾아냈지. 그가 슬그머니 집에 들어서자 나는 「당신인가요, 피에르?」라고 물었지 뭐야.』

『하지만 그렇게 해서 어떻게 해결이 났다는 거야?』

『참, 우리 남편의 이름은 앙리잖아!』

103. 이발사

Sam, the barber, seemed a little jumpy and it made his customer nervous. "Sam," he said, "what happens if you cut a customer ? Does the boss get sore ? "

"Yes, he does," Sam replied. "He makes us pay a dollar for every cut we give a customer—but I don't care. I had a good day at the races yesterday."

▶ jumpy : 침착하지 않은, 들떠 있는
▶ get sore : 화를 내다
▶ have a good day at the races : 경마에서 재미보다
▶ the races : 경마대회, 경마의 돈걸기

이발사 샘은 좀 들떠서 침착하지 못한 것 같았다. 그래서 불안해진 손님이 물었다.

『혹 손님이 다치면 어떻게 되지 ? 주인이 야단을 치는가 ?』

『그럼요. 손님에게 상처 한 군데가 생길 때마다 우리한테서 1달러씩 받아내곤 합니다. 하지만 난 걱정 없어요. 어제 경마에서 돈을 땄거든요.』

104. 음 주

A group of men in an English pub were discussing the wartime closing hours. Most of them protested the early closing hour, but one red-nosed old-timer saw no harm in the new regulation.

"After all," he said, "if a bloke ain't drunk by 10 : 30 in the evening, he ain't trying."

▶ pub : (영국)술집
▶ old-timer : (구어)노인
▶ regulation : 규정
▶ bloke : (구어)fellow
▶ ain't : isn't

영국에서 어느 술집에 모여 앉은 사내들이 전시 체제에 따른 술집 폐점시간을 놓고 이러쿵저러쿵 떠들어대고 있었다. 그들은 거의 모두가 문닫는 시간이 너무 이르다고 불평했다. 그러나 코가 빨간 영감 하나는 새 규정에 별문제가 없다는 입장이었다.

『결국 따지고 보자구.』하고 그는 말했다. 『10시 반까지도 취하지 않는다면 그야 제대로 마시지를 않았다는 얘기가 아니냐구?』

105. 보 복

Wanting to borrow some money to make a six-month tour of Europe, an American man went to the bank where he had done business for years. The bank refused the loan.

He went to another bank and obtained the loan without any difficulty. Then he bought a five-pound fish and put it in his safe-deposit box at the first bank as be joyfully left town for six months.

▶ do business : 거래하다
▶ a safe-deposit box : 개인의 귀중품 보관을 위해 은행에 설치된 금고

6개월간 유럽에 다녀오기 위해 융자를 받으려는 미국 사람이 여러 해 동안 거래해 온 은행으로 갔다. 그런데 그 은행은 융자해 주기를 거절했다.

다른 은행으로 찾아간 그는 아무 문제 없이 융자받았다. 신바람이 나서 6개월간의 여행길에 오르면서 그는 5파운드짜리 생선 한 마리를 사가지고는 그 동안 거래해 왔던 은행의 그의 귀중품 보관함에 집어넣었다.

106. 정 부

Overheard on a bus : "Yeah, I always thought my wife was true to me, until we moved from Chicago to New York, and I discovered we still had the same milk man ! "

▶ overhear : 엿듣다
▶ true : 성실한, 충실한

버 스에서 엿들은 소리 :『그럼, 난 우리가 시카고에서 뉴욕으로 이사하고 나서도 똑같은 사람이 우유를 배달해 주는 사실을 알게 되기까지는 늘 마누라를 믿었단 말이야.』

107. 일제(日製)

Featuring un-English English as one encounters in non-English-speaking countries, a Hong Kong-based English magazine recently quoted a few amusing signs and directions picked up in Japan.

At a bridge near Osaka : "Cars will not have intercourse on the bridge." On a diarrhea medicine bottle : "Take three tablets a day until passing away." And the men's room at a Tokyo subway station has this sign : "To stop drip, turn cock to the right."

▶ un-English English : 영어 아닌 영어
▶ intercourse : 「교제」를 뜻하는 말로 다리 위에서 마주치지 말고 일방통행하라는 말인 듯한데 이 말은 「성교」를 의미하기도 한다.
▶ cock : 「수도꼭지」와 함께 속어로는 penis를 가리킨다

영어가 일상적으로 사용되지 않는 나라에서 흔히 보게 되는 「영어 아닌 영어」에 관한 이야기에서 홍콩의 한 영어잡지는 최근에 일본의 푯말과 안내문에서 볼 수 있는 재미있는 예들을 소개했다. 여기 몇 가지를 옮겨 본다.

오사카 근처의 어느 교량에는 『차량들은 다리 위에서 「인터코스」를 하지 말 것.』, 어떤 지사제 약병에는 『죽을

때까지 1일 3정씩 복용.』하라고 씌어 있고, 도쿄의 어느 지하철역 남성화장실에는 『물이 뚝뚝 떨어지지 않도록 콕을 오른쪽으로 돌려라.』는 푯말이 붙어 있다.

108. 씨받이(I)

> A little girl answered the knock on the door of the farmhouse. The caller, a rather troubled-looking middle-aged man, asked to see her father.
>
> "If you've come about the bull," she said, "he's fifty dollars. We have the papers and everything, and he's guaranteed."
>
> "Young lady," the man said, "I want to see your father."
>
> "If that's too much," the little girl replied, "we got another bull for twenty-five dollars, and he's guaranteed, too, but he doesn't have any papers."

▶ troubled-looking : 걱정스런 표정의
▶ bull : 황소, (큰 짐승의)수컷
▶ papers : 서류, 문서, 기록, 증명서

문 두드리는 소리를 듣고 나온 것은 어린 계집애였다. 농가를 찾은 걱정스런 표정의 중년남자는 그 계집애를 보고 아버지를 만나러 왔다고 했다.

『황소 때문에 오셨다면 50달러만 내시면 됩니다. 우리 집 소는 증명서랑 죄다 갖추고 있어서 보증해 드립니다.』
『애, 난 너의 아버지를 만나야겠어.』
『그게 너무 비싸서 그러신다면 25달러짜리도 있습니다. 서류가 갖추어지지 않았을 뿐 보증은 해드립니다.』

109. 씨받이(Ⅱ)

"Young lady," the man repeated, "I want to see your father!"

"If that's too much," said the little girl, "we got another bull for only ten dollars, but he's not guaranteed."

"I'm not here for a bull," said the man angrily. "I want to talk about your brother, Elmer. He's gotten my daughter in trouble!"

"Oh, I'm sorry," said the little girl. "You'll have to see pa about that, because I don't know what he charges for Elmer."

▶ get a person in trouble : ~에게 폐를 끼치다,
▶ get a girl in trouble : (속어)처녀에게 임신하게 하다
▶ charge : 값을 부르다.

『애, 난 너의 아버지를 만나야겠어.』하고 남자는 거듭 요구했다.

『그것도 너무 비싸다면 10달러짜리도 있지만 보증은 해 드릴 수 없어요.』라고 어린 계집애가 말하자 남자는 버럭 화를 냈다.

『난 황소 때문에 온 게 아니야. 난 너의 오빠일로 왔다구. 내 딸아이를 임신시켰단 말이야.』

『이거 죄송하게 됐군요. 그러시다면 아빠를 만나 보셔야 겠네요. 오빠에 대해선 얼마를 받아야 하는지 저는 모르니까요.』

110. 연령(Ⅱ)

Teacher : "How old would a person be who was born
　　　　　in 1940 ? "
Smart pupil : "Man or woman ? "

▶ smart pupil : 똑똑한 학생(초중등학교생)

선 생 :『1940년에 태어났으면 지금 몇 살이지요?』
똑똑한 학생 :『남자말입니까 아니면 여자말입니까?』

111. 두 아버지

The policeman was walking his beat when he saw two men fighting and a little boy standing alongside them crying, "Daddy, daddy ! "

The officer pulled the two men apart and, turning to the boy, asked, "Which one is your father, lad ? "

"I don't know, " the boy said, rubbing the tears from his eyes. "That's what they're fighting about ! "

▶ beat : 순찰담당구역
▶ walk one's beat : 순찰하다
▶ lad : 소년

순찰을 돌던 경관은 두 사내가 싸우고 있는 옆에서 어린 사내아이가 『아빠, 아빠!』하며 울부짖는 것을 보았다.

경관은 두 사람을 떼어 놓고는 어린애를 보고 물었다. 『애, 어느 쪽이 너의 아빠냐?』

『나도 몰라요.』라고 그는 눈물을 닦으면서 말했다. 『그것 때문에 싸우고 있잖아요.』

112. 구 경

A Large railroad company used a set of questions to test each applicant for flagman. The first question was, "What would you do if you saw two trains coming at each other on the same track at 80 miles per hour ? "

One applicant thought about it for a while, then said, "I'd run home and get my brother. "

"Why do you say that ? " asked the supervisor.

"My brother ain't never seen a train wreck before. "

어느 큰 철도회사는 신호수를 지망하는 사람들을 테스트하는 데 일정한 질문을 사용했다.

첫 질문은 『같은 궤도 위에서 두 열차가 시속 80마일로 접근하고 있는 것을 보면 어떻게 하겠는가 ? 』하는 것이었다.

한 응모자는 잠시 생각하더니 『집에 달려가서 동생을 데리고 오겠습니다. 』라고 대답했다.

『어째서 ? 』하고 시험을 맡은 사람이 물었다.

『동생은 아직 한 번도 철도사고를 본 적이 없거든요. 』

113. 보청기

An old gentleman with a hearing problem decided that a hearing aid was too expensive, so he took an ordinary copper wire and wound it around his ear seven times.

"Do you hear any better with that copper wire wrapped around your ear ? " asked a neighbor.

"Not really, " answered the old man, "but folks louder. "

▶ hearing aid : 보청기
▶ ordinary copper wire : 보통 구리줄
▶ wrap : 싸다, 두르다

귀가 잘 들리지 않는 노인이 있었는데 보청기가 너무 비싸다는 생각이 들어 보통 구리줄을 구해서 그것을 귀언저리에 일곱 겹으로 감아 놓았다.

『그렇게 귀언저리에 구리줄을 감아 놓으면 잘 들립니까.』하고 이웃에 사는 사람이 물었다.

『아뇨. 하지만 사람들이 언성을 높여서 말을 해준답니다.』라고 노인은 대답했다.

114. 변 명

A man standing in a crowded subway train felt a hand in his pocket. He grabbed the arm of the man standing next to him. "I'll call the conductor and get the police," said the first.

"Oh, don't do that,"pleaded the offender, "I was simply trying to make change to buy a newspaper."

"But why didn't you ask for change ? "

"Sorry, but I never speak to strangers."

▶ grab : 잡다
▶ offender : 범죄자, 잘못을 저지른 사람
▶ make change : 잔돈을 마련하다

만원 지하철 속에 서 있던 사람이 누군가의 손이 그의 호주머니를 더듬고 있는 것을 느꼈다. 그는 옆에 서 있는 사내의 팔을 잡았다.

『차장을 불러서 경찰에 넘겨야겠어.』

『제발 좀 봐주세요.』하며 사내는 애원을 했다.

『신문 살 잔돈이 필요해서 한 짓입니다.』

『그렇다면 달라고 하면 될 것 아뇨?』

『죄송합니다만 저는 모르는 사람한테는 절대로 말을 걸지 않는 성미라서요.』

115. 경　매

The spirited bidding was halted temporarily when the auctioneer held up his hand and announced :

"One of the gentlemen in the audience has lost his wallet containing fifteen thousand dollars. He has asked me to tell you that he is offering a reward of five hundred dollars for its immediate return—no question asked."

There was a brief hush in the hall. Then a loud voice from the back was heard :

"Five twenty-five ! "

▶ spirited : 힘찬, 활기있는
▶ bidding : 입찰, 경매
▶ auctioneer : 경매인

열띤 경매가 잠시 중단되었다 - 경매인이 손을 번쩍 치켜들고 장내에 알린 것이다.

『손님 한 분이 1만 5,000달러가 든 지갑을 잃었답니다. 그분은 그걸 당장에 돌려주시면 500달러를 사례하겠다는군요 - 문제삼지 않기로 하고 말입니다.』

잠시 장내가 조용하더니 뒤쪽에서 누군가 소리쳤다.

『525달러요!』

116. 계 명

The Sunday-school teacher asked her class of youngsters if they could name any of the Ten Commandments, and one kindergarten-aged boy stood up and announced proudly, "Thou shalt not omit adultery."

▶ the Ten Commandments : 모세의 십계명
▶ kindergarten-aged : 유치원생 또래의
▶ Thou shalt : You shall의 고어체
▶ adultery : 간음
▶ omit : ~을 빠뜨리다, ~하는 것을 잊다, 정확하게는 omit adultery가 아니라 commit adultery이다. commit는 죄나 과실을 범한다는 뜻이므로 Thou shalt not commit adultery, 즉 『간음하지 말지어다.』여야 한다.

일요학교 선생님은 그녀의 반 어린이들을 보고 10계명 가운데 아무것이나 하나 말할 수 있겠느냐고 물었다. 그러자 유치원생 또래의 사내녀석이 일어나서 자랑스럽게 고했다.

『간음하는 것을 잊지 말지어다.』

117. 미성년

The old gentleman, visiting the home of his daughter, entered the room of his two grandsons and found them busy studying at their desks. The first boy was reading a book on aviation.

"What do you want to be when you grow up？" asked the grandfather.

"A pilot, sir," said the boy.

"And what do you want to be when you grow up？" the old gentleman asked the second lad.

The boy looked up from the latest issue of PLAYBOY. "Nothing, sir," he said "just grow up."

▶ aviation : 항공
▶ latest issue : 최신호

딸을 찾아온 영감님은 손자들의 방으로 들어갔다. 두 녀석들은 책상에서 열심히 공부를 하고 있었다. 한 녀석은 항공에 관한 책을 보고 있었다.

『넌 크면 뭐가 되려니？』하고 할아버지는 물었다.

『조종사요.』

『그럼 넌 커서 뭐가 되고？』하고 또 한 녀석에게 물었다.

『아무것도 안 되고 무조건 어른이 되고파요.』라고 녀석은 플레이보이 잡지의 최신호를 보다 말고 대답했다.

118. 변호사

Russel Sage, the financier, laid a case before his attorney. When he had finished, the lawyer was enthusiastic.

"It's an iron-clad case," he said confidently. "We can't possibly lose！"

"I guess we won't sue then," said Sage. "That was my opponent's side of the case I gave you."

▶ financier : 금융업자, 자본가
▶ iron-clad : 철로 싼, 어길 수 없는
▶ confidently : 자신있게

금융업자인 러셀 세이지는 변호사에게 사건에 관한 설명을 했다. 그의 설명을 듣고 난 변호사는 의기양양했다.

『공격당할 여지가 없는 사건입니다. 도저히 패소할 수가 없습니다.』라고 변호사는 자신만만했다.

『그렇다면 소송을 포기해야겠군.』하고 세이지는 말했다. 『내가 설명한 건 상대방측 입장입니다.』

119. 남 성

A French business woman cautioned other female executives who do business within the European Common Market about male behavior.

"Say it's a hot day and you've invited a business visitor and told him to make himself comfortable. The British man will remove his eye-glasses, the German will loosen his tie, the Dutchman will take off his jacket, the Belgian will untie his shoelaces, the Frenchman will discreetly remove one thing after another until you tell him to stop, and the Italian will undress you."

프랑스의 여류사업가가 유럽공동시장에서 사업을 하는 다른 여류기업인들에게 남성들의 행실에 대해 귀띔했다.

『무더운 날인데 사업관계로 사람을 불러다가 편히 하라고 했다고 합시다. 영국 사람은 안경을 벗습니다. 독일인은 넥타이를 끄릅니다. 네덜란드 사람은 웃옷을 벗습니다. 벨기에 사람은 신발끈을 끄릅니다. 프랑스 사람은 그만하라고 할 때까지 조심스럽게 한 가지씩 벗어 버립니다. 이탈리아 사람은 당신 옷을 벗깁니다.』

120. 술꾼(Ⅱ)

A worried-looking man leaned forward toward the barman. "Was I in here last night?"

"Yes, you were, sir," replied the barman.

"Did I spend much money?"

"You'd got rid of the best part of a fiver before you left here last night," exclaimed the barman admiringly.

The frown vanished from the customer's face and a broad smile replaced it.

"Good," said he, obviously relieved. "That's fine. I was afraid I'd lost it!"

▶ worried-looking : 걱정스런 표정의
▶ fiver : (영국 속어) 5파운드짜리 지폐
▶ the best part of : ～의 상당한 부분, 대부분
▶ vanish : 사라지다

걱정스런 표정의 사내가 바텐더에게로 기웃하면서 물었다.

『간밤에 내가 여기 왔었던가?』

『그럼요, 오셨습죠.』라고 바텐더는 대답했다.

『내가 돈을 많이 썼던가?』

『여기를 떠날 무렵에는 5파운드짜리 하나를 거의 다 쓰

셨죠.』라고 바텐더는 감탄조로 말했다.

　이 소리를 듣자 찌푸렸던 그 손님의 얼굴에는 희색이 만면했다.

　『좋았어.　난 또 그 돈 잊어버린 줄 알고말야.』하며 손님은 안심하는 기색이었다.

121. 해　답

Teacher : "Can you tell me anything about the great
　　　　　　 scientists of the 18th century ? "
Pupil : "They are all dead. "

선생 :『18세기의 과학자에 관해서 뭔가 알고 있는 것이 있으면 말해 봐요.』
학생 :『그분들은 모두 죽었습니다.』

122. 도 박

A group of professional nuclear scientists held a convention at Las Vegas, and one of the professors spent all of his free time at the gambling tables. A couple of his colleagues were discussing their friend's weakness.

"Fenwick gambles as if there were no tomorrow," one said.

"Maybe," commented the other, "he really knows something."

▶ nuclear scientist : 핵과학자
▶ convention : 집회
▶ colleague : 동료

핵과학의 전문가들이 라스베이거스에서 회의를 가졌는데 거기에 나온 교수 한 사람은 짬만 나면 도박장에 가서 시간을 보냈다. 동료교수 두 사람이 이 교수의 약점을 놓고 이야기를 주고받았다.

『펜윅은 마치 세상이 끝장나기라도 한 것처럼 도박을 하고 있군 그려.』하고 한 사람이 말했다.

『어쩌면 진짜 뭔가를 알고 있는 것이 아닐까.』하고 상대방이 한 마디 했다.

123. 자동차 시대

The man informed the insurance agent that he wished to have life insured.

"Do you drive a car ? " asked the agent.

"No, " replied the man.

"Do you often ride in buses or taxis ? "

"No. "

"Do you fly often ? "

"No. "

"Well, I'm very sorry, sir, " the agent said firmly, "but we don't insure pedestrians. "

그 사람은 보험사원을 보고 생명보험에 가입하겠노라고 했다.

『자동차를 몰고 다니세요 ?』하고 보험사원은 물었다.

『아뇨.』라고 그 남자는 대답했다.

『버스나 택시를 자주 이용하십니까 ?』

『아뇨.』

『비행기를 자주 타십니까 ?』

『아뇨.』

『대단히 죄송합니다만 걸어다니는 사람은 보험에 가입시키지 않습니다.』라고 보험사원은 단호하게 말했다.

124. 인 형

George was describing his new secretary enthusiastically to the family at dinner : "She's efficient, personable, clever, punctual and darned attractive, to boot. In short, she's a real doll ! "

"A doll ? " said his wife.

"A doll ! " reemphasized George.

At which point their five-year-old daughter, who knew about dolls, asked, "And does she close her eyes when you lay her down, daddy ? "

조지는 식구들끼리 저녁식사를 하는 자리에서 새로 온 비서에 관한 이야기에 열을 올렸다.

『능률적이고, 쾌활하고, 똑똑하고, 시간 잘 지키고, 게다가 기가 막히게 예쁘고 말야. 한 마디로 진짜 인형이야.』

『인형이라고요?』하고 부인이 말했다.

『그럼, 인형이야!』하고 조지는 거듭 강조했다.

이때 인형에 대해서는 제법 조예가 있는 다섯 살짜리 딸아이가 끼어들었다.

『그럼 그 아줌마도 눕혀 놓으면 눈을 감는 거야?』

125. 최　고

Two little boys were engaging in the traditional verbal battle of little boys everywhere ;
"My father is better than your father ! "
"No, he's not ! "
"My brother is better than your brother ! "
"No, he's not. "
"My mother is better than your mother ! "
A pause.
"Well, I guess you've got me there. My father says the same thing. "

▶ traditional verbal battle : 상투적인 입씨름
▶ you've got me there : 그 점에서는 손을 들었다.

꼬마녀석 둘이 어린것들 사이에서 어디서나 보기 마련인 그 상투적인 입씨름을 벌이고 있었다.
『우리 아빠랑 너의 아빠랑 하면 우리 아빠가 최고야!』
『아냐.』
『우리 형이랑 너의 형이랑 하면 우리 형이 최고야!』
『아냐.』
『우리 엄마랑 너의 엄마랑 하면 우리 엄마가 최고야!』
잠시 침묵.

『그건 네 말이 맞나 봐, 우리 아빠도 그랬어.』

126. 기 지(I)

A lawyer was defending a man accused of house-breaking, and said to the court :

"Your Honor, I submit that my client did not break into the house at all. He found the parlor window open and merely inserted his right arm and removed a few trifling articles. Now, my client's arm is not himself, and I fail to see how you can punish the whole individual for an offense committed by only one of his limbs. "

▶ house-breaking : 가택침입
▶ submit : 상신하다, 의견을 말하다
▶ Your Honor : 재판장에 대한 경칭
▶ trifling : 하찮은, 시시한
▶ limb : 사지, 팔·다리

변 호사는 주거침입으로 기소된 사람을 변호하면서 법정에서 다음과 같이 말했다.

『재판장님, 본 변호인은 피고인이 주택침입을 한 사실이 전혀 없었던 것으로 주장하는 바입니다. 피고인은 그 집 거실 창문이 열려 있기에 오른손을 집어넣어 별것 아닌 물건 몇 가지를 꺼냈던 것입니다. 피고인의 팔을 피고인 자

신으로 볼 수 없는 것인데도 그의 사지 가운데 어느 하나
가 저지른 죄과에 대해서 그 사람의 전신을 처벌한다는 것
은 납득할 수 없는 일로 봅니다.』

127. 기　지(Ⅱ)

"The argument is very well put," replied the
judge. "Following it logically, I sentence the
defendant's arm to one year's imprisonment. He
can accompany it or not, as he chooses."

The defendant smiled, and with his lawyer's as-
sistance unscrewed his cork arm, and leaving it in
the dock, walked out.

▶ the argument is well put : 그 주장은 이치에 닿는 것이다
▶ follow it logically : 그것을 논리적으로 추구하다
▶ dock : (형사법정의)피고석

『그 것 참 그럴듯한 주장입니다.』라고 판사는 응수
했다. 『그렇다면 그런 식으로 따져서 본 재판장
은 피고인의 오른쪽 팔에 대해 1년간의 금고형을 선고하는
바입니다. 피고인은 팔과 함께 감옥으로 가건 혹은 팔만
떼어 보내건 마음대로 하십시오.』

그러자 피고는 빙글거리면서 변호사의 도움을 받아 코르
크로 된 의수를 풀어 피고석에 내려놓고는 법정에서 걸어
나가는 것이었다.

128. 머리와 발

Teddy : "When I stand on my head the blood rushes to my head, but when I stand on my feet the blood doesn't rush to my feet. Isn't it funny?"

Ned : "Well, that's because your feet aren't empty."

▶ stand on one's head : 거꾸로 서다
▶ rush : 돌진하다, 쇄도하다
▶ funny : 이상하다

테 디 :『내가 물구나무설 때에는 피가 머리로 쏵 몰려오지만 발로 똑바로 설 때에는 피가 발로 몰려오지를 않으니 이거 이상한 일이잖아?』

　네드 :『음, 그건 말이야, 네 발은 텅 비어 있지 않기 때문이야.』

129. 공갈(Ⅱ)

The boy and his girlfriend had just finished it on the livingroom sofa when the girl's kid sister came downstairs.

"Gimme a quarter or I'll tell my father you held hands with my sister," the kid demanded.

Smiling, he handed over the quarter.

"Now gimme half a dollar or I'll tell him you kissed her."

As he gave her the fifty cent piece, still smiling, the kid said, "And now, I'll gonna have to ask you for twenty bucks······."

▶ gimme : give me
▶ quarter : 25센트짜리 은화
▶ buck : (미국 속어)달러

걸 프렌드를 찾아온 사내녀석이 거실에서 일을 치르고 나자 여자의 어린 여동생이 2층에서 내려왔다.

『25센트 안 주면 우리 언니 손을 잡았다고 아빠한테 일러줄 거야.』하며 어린것은 돈을 요구했다.

사내는 웃음을 머금고 25센트를 건네줬다.

『이제 50센트 안 주면 언니한테 키스했다고 일러줄 거야.』

그가 여전히 미소지으면서 50센트를 내 주자 꼬마아가씨는 다시 요구하는 것이었다. 『자아 이제 20달러를 안 주면……』

130. 전자시대

A business firm wrote to another corporation, saying, "Our electronic brain has computed that the cost of the work you want done will be……."

The following reply was received a few days later :

"As this is more than we anticipated, we would like to suggest that your electronic brain make an appointment with our electronic brain to discuss ways and means of reducing the cost of work."

▶ electronic brain : 전자두뇌
▶ make an appointment with : ~와 만날 기일을 정하다
▶ ways and means : 방법

어떤 회사가 다른 회사 앞으로 서신을 보냈다.

『우리 회사 전자두뇌의 계산으로는 귀사가 하고자 하는 일의 비용은……』

며칠 뒤에 다음과 같은 회신이 왔다. 『그 액수는 우리가 예상했던 것보다 많으니 귀사의 전자두뇌와 폐사의 전자두뇌가 서로 만나서 일의 비용을 줄이는 방안을 검토하게 했으면 합니다.』

131. 선 물

Judge : "You are charged with breaking into a wig
store three times and stealing only one wig.
Can you explain that ? "
Defendant : "Yes, Your Honor. I gave it to my wife
as Christmas present and she made me
exchange it twice."

▶ be charged with : ～로 고발되다
▶ break into : (도둑이) 침입하다
▶ wig : 가발
▶ Your Honor : (주로 미국) 재판관에 대한 경칭

재 판장 : 『피고는 가발가게에 세 번이나 침입했으면
서 가발은 하나밖에 훔치지 않았다고 하는데 그
까닭을 이야기해 봐요.』

피고 : 『네, 재판장님. 저는 훔친 가발을 크리스마스 선
물로 아내에게 줬었는데, 다른 것으로 바꿔 달라고 해서
두 번 바꿔다 줬습니다.』

132. 기도(I)

Naughty Caroline had been sent into the den to "think things over." After a while she came out all smiles and said, "I thought and I prayed."

"Fine !" said her mother. "That will help you to be good."

"Oh, I didn't ask God to help me to be good," said the child. "I just told Him to help you put up with me."

▶ naughty : 장난꾸러기의, 버릇없는
▶ think over : 곰곰 생각하다
▶ den : 굴, 밀실
▶ all smiles : 희색이 만면하여

장난이 심한 캐롤라인은 밀실에 가서 반성을 하기로 되었다. 얼마 후 밀실에서 나온 캐롤라인은 만면에 미소를 지으면서 말했다. 『나 생각도 해 보고 기도도 했어.』

『잘 했어!』하고 어머니가 말했다. 『그럼 이제 착해질 거다.』

『하지만 하나님에게 내가 착해지도록 도와달라고 한 것이 아니라 어머니가 참을성이 있게 해달라고 부탁했는 걸.』

133. 유럽식

"These European men have sexual quirks," the mother counseled her daughter, who was about to marry one. "Sooner or later, they propose a change in technique, which I trust you'll resist."

The bride-to-be promised she would and, sure enough, some weeks after the wedding, her husband did suggest some sexual variety. "No, no!" protested the girl. "Mother warned me about your probably wanting to make a switch, and I said I would be firm in refusing any such thing!"

"But, darling," said her husband, "don't you want to have children?"

『유럽 남자들 섹스 취향이 별스럽단다.』하고 유럽 남성과 결혼하게 된 딸에게 어머니가 귀띔했다. 『조만간 테크닉을 바꾸자고 할 터인데 그러면 안 된다고 버텨야 하느니라.』

신부될 딸은 그러마고 약속했는데 아니나 다를까 결혼하고 몇 주가 지나자 남편은 테크닉을 바꾸자는 것이었다. 여자는 안 된다고 했다. 『어머니가 이런 일이 있을 거라고 귀띔해 주셨는데 난 한사코 거부하기로 약속했다구요.』

『하면 어린아이는 안 낳겠다는 건가?』하고 남편이 물었다.

134. 들 개

A man answered his doorbell and a visitor walked in, followed by a big, shaggy dog. As they sat talking, the dog bumped into an end-table, sending a lamp crashing to the floor. Then he chewed on an expensive carpet. Restlessly he roamed through the house, his route marked by crashes. Finally, he jumped upon the sofa with muddy feet, and curled up for a nap.

The homeowner, outraged at last, burst out, "If you can't train your dog better than that, leave him at home."

"My dog!" exclaimed the surprised visitor "I thought it was your dog."

▶ shaggy : 덥수룩한
▶ end table : (소파·의자 곁의)작은 탁자
▶ curl up : 움츠리다

초 인종이 울려서 문을 여니 방문객이 들어오고 덥수룩한 큰 개가 뒤따라 들어왔다. 두 사람이 앉아 이야기하고 있는데 개는 작은 탁자로 뛰어오르면서 전기스

탠드를 떨어뜨려 박살내 버렸다. 이윽고 값비싼 융단을 씹어댔다. 그리고는 마구 부수면서 정신없이 집 안을 쏘다녔다. 마침내 개는 그 더러운 발로 소파에 뛰어오르더니 몸을 움츠리고 잠들기 시작했다.

집주인은 급기야 화를 터뜨렸다. 『개를 제대로 훈련시키지 못할 바에야 집에 두고 다녀야죠.』

『뭐라구요…….』하며 손님은 질겁을 했다. 『나는 이 집 개인 줄 알았는데.』

135. 칠 삭

A gentleman, whose wife was delivered of a baby seven months after marrying, asked a physician the reason for this.

"Don't worry about it," said the doctor, "this often happens in the case of the first child, but never afterwards."

▶ be delivered of a baby : 아이를 분만하다
▶ physician : 내과의사(외과의사는 surgeon)

결 혼한 지 일곱 달 만에 아내가 아이를 낳게 되자 남편은 의사에게 어찌 된 일이냐고 물었다.

『걱정하실 것 없어요.』라고 의사는 말했다. 『첫 아이의 경우에는 이런 일이 흔히 있습니다. 다음부터 이런 일은 절대로 없습니다.』

136. 경 험

A naive 16-year-old country lad, after staying out half the night, came home shouting excitedly, "Dad ! I just had my first sexual experience ! "

His father asked, "Who with ? "

The boy replied, "Do you mean there's supposed to be another person ? "

▶ naive : 천진난만한
▶ stay out half the night : 밤늦게까지 밖에서 지내다
▶ Who with ? : 누구하고 ?

천진난만한 16세짜리 시골녀석이 밤늦게까지 밖에서 지내다가 집에 돌아오더니 들떠가지고 외쳐댔다. 『아버지, 나 지금 막 난생 처음으로 섹스를 경험했어요!』

『누구하고 말이냐?』하고 아버지가 물었다.

『아니 그럼 딴 사람이 있어야 한다는 말인가요?』하고 아들은 물었다.

137. 서 출

Charlie : "What's up, Al? You look troubled."
Al : "Yeah! I'm going to be a father."
Charlie : "Congratulations. But what is so terrible
about that?"
Al : "Nothing, except my wife doesn't know it
yet."

▶ what's up? : 무슨 일이 있었는가?
▶ look troubled : 걱정스러워 보이다
▶ terrible : 대단한, 끔찍한

찰리 : 『웬일이야, 앨. 걱정스러워 보이는군.』
앨 : 『그렇게 됐어. 애 아버지가 된다네.』
찰리 : 『축하하네. 한데 그게 뭐가 그렇게 문제라는 말
인가?』
앨 : 『문제랄 건 없지만 마누라는 아직도 모르고 있는 사
실이니 그게 문제라네.』

138. 연 설

Two small-town fellows attended political meeting, where they were impressed by the vocabulary of the principal speaker.

"Do you know," observed one after the meeting, "I think he uses the big words because he's afraid that people knew what he was talking about, they'd know he didn't know what he was talking about."

▶ vocabulary : 단어
▶ big words : 호언, 그럴싸하게 들리는 어려운 말

한 정치집회에 참석한 두 시골사람은 그날 모임의 주인공 연사가 사용한 낱말들로부터 강한 인상을 받았다.

『있잖아』하고 집회가 끝난 후 한 사람이 말했다. 『저 사람이 저렇게 어려운 말들을 사용하는 건 말야, 우리가 죄다 알아들었다가는 그 자신도 알지 못하는 소리를 지껄여대고 있구나 하는 걸 우리가 알아 버릴까 봐 그러는 걸세.』

139. 특등생(Ⅰ)

The grade-school principal dropped into the new third grade teacher's classroom to see how she was adjusting to her first day of school. "There is one problem, "she said. "That little boy in the first row belongs in the second grade but insists on remaining here, and he's so smart that I hate to send him back. "

▶ grade-school : 국민학교
▶ principal : 교장
▶ drop into : 들르다
▶ row : 열, 줄
▶ smart : 똑똑한

국민학교 교장선생님은 3학년을 새로 맡게 된 여선생이 첫 수업시간을 어떻게 해내고 있는지 보려고 그 교실에 들렀다.

『한 가지 문제가 있습니다.』하고 선생은 알렸다.

『첫 줄에 앉아 있는 저 꼬마녀석은 2학년생인데도 이 반에 있겠다고 우겨댑니다. 그런데 하도 똑똑한 아이라서 2학년으로 돌려보내고 싶지 않습니다.』

140. 특등생(Ⅱ)

"He can't be that smart," said the principal.
"Ask him something."
The teacher called the boy forward and inquired,
"What does a dog do on three legs that a man does
on two legs that I do sitting down?"
"Shakes hands," said the boy.
"What has a cow got four of that I have only two
of?" she went on.
"Legs," the boy replied.

▶ call forward : 앞으로 불러내다

『그렇게까지 똑똑할 리가 있나요.』라고 교장선생님은 말했다. 『뭐 좀 물어 보시오.』
여선생은 그 소년을 앞에 불러 놓고 질문했다.
『개는 세 다리로 서서 하고, 남자는 두 다리로 서서 하며, 선생님은 앉아서 하는 것이 무엇이지요?』
『악수요.』라고 소년은 대답했다.
『선생님에게는 둘뿐이지만 암소에게는 넷이나 있는 것은?』하고 선생님은 거듭 물었다.
『다리입니다.』라고 소년은 대답했다.

141. 특등생(Ⅲ)

> "What is four-letter word meaning intercourse ? "
> she continued.
> "Talk, " he answered. The teacher turned to the
> principal. "Well, what should I do ? "
> He drew her aside and whispered, "Better promote
> him to the fourth grade. I missed all three questions. "

▶ four-letter word : 활자화를 꺼리는 상스러운 네 자짜리 단어(f‥k)
▶ intercourse : 교제, 성관계
▶ talk : 이야기하다, 틀림없는 네 자짜리 단어이고 또 교제를 나타내는
말이다.

『교제를 의미하는 네 자짜리 단어는 무엇이지요?』하며 선생님은 질문을 계속했다.
『토크요』라고 학생은 대답했다.
담임선생은 교장선생님을 바라봤다.
『자아, 어떻게 하죠?』
교장선생님은 담임선생을 한쪽으로 데리고 가서 귀엣말을 했다.
『숫제 4학년으로 월반시키는 것이 좋겠어요. 그 세 문제는 나도 하나도 알아맞히지를 못했어요.』

142. 졸 업

On her son's seventeenth birthday a mother pleadingly asked, "Promise me you'll tell me when you start smoking. Don't let me find it out from the neighbors."

"Don't worry about me, Mom," the son replied. "I quit smoking a year ago."

▶ pleadingly : 탄원하듯이
▶ quit smoking : 담배를 끊다

아들이 열일곱 살 되는 날 어머니는 간곡히 타일렀다.

『너 담배를 피우기 시작하게 되는 날이면 나한테 알려 주기로 약속해야 해. 이웃사람들이 귀띔해 줘서 비로소 알게 되는 꼴은 면하게 해 달란 말이다.』

『거기에 대해서는 걱정하실 것 없어요, 어머니』하고 아들은 대답했다. 『1년 전에 담배를 끊었는 걸요.』

143. 보 험

A farmer whose barn burned down was told by the insurance company that his policy provided that the company build a new barn, rather than paying him the cash value of it. The farmer was incensed by this. "If that is the way you fellows operate," he said, "then cancel the insurance I have on my wife's life."

▶ barn : (농가의) 헛간
▶ policy : 보험증권
▶ provide : (법규가)규정하다
▶ be incensed by : ~에 성을 내다

헛간이 타 버린 농부를 보고 보험회사는 보험계약에 헛간값을 현금으로 지불하기로 되어 있는 것이 아니라 새 헛간을 지어 주기로 규정되어 있음을 알렸다. 이 소리를 듣자 농부는 버럭 화를 냈다.

『당신네들 이런 식으로 하는 거라면 내 마누라의 생명보험은 취소해야겠어.』

144. 장 모

A man who claimed income tax deduction for both his mother-in-law and his dog was curtly told by tax official that in no circumstances was a dog an allowable deduction.

Undaunted, the fellow wrote back deploring the injustice of such ruling, since he had spent 50 dollars more on his dog than on the mother-in-law.

▶ income tax deduction : 소득세 공제
▶ curtly : 짧게, 간략하게
▶ in no circumstances : 어떠한 경우에도 ~ 않다
▶ undaunted : 굴하지 않고
▶ ruling : 재정, 판정

장모와 개를 소득세의 공제항목으로 신고한 사람이 세무당국으로부터 개는 어떠한 경우에도 소득세의 공제대상이 될 수 없다고 한 마디로 퇴짜를 맞았다.

그러나 이에 굴하지 않고 그는 장모한테 지출한 것보다도 50달러나 더 많은 돈을 개한테 지출한 사실을 지적하면서 세무당국의 부당한 처사를 개탄하는 이의서를 제출했다.

145. 술꾼(Ⅲ)

Two old drunkards were in the habit of coming to the bar once a week to get drunk together. After years of this, one of them died. His old friend came in on Saturday and they told him his pal had died — that the whiskey had so saturated his blood and his breath that one night before going to bed the old man went to blow out the candle and his breath caught fire and he was burned to death. The old man promptly called for a Bible and took an oath that from that time forward he would never blow out another candle.

늙은 두 술꾼이 매주 한 번씩 그 바에서 어울려 함께 술에 취하곤 했다. 몇 년을 이같이 함께 마시다가 어느 날 한 사람이 죽었다. 살아 있는 그의 동료가 토요일 밤 바에 나타나자 사람들은 그의 짝이 죽었음을 알렸다. 그의 혈액과 호흡에 위스키가 어찌나 많이 배었던지 어느 날 잠자리에 들면서 촛불을 불어대자 그만 호흡에 불이 붙어 소사하고 말았다는 것이었다. 그 소리를 듣자 영감님은 당장 성경을 달라고 하더니 그 위에 손을 얹고 앞으로는 절대로 촛불을 끄지 않겠노라고 맹세하는 것이었다.

146. 수수께끼

"What has eight legs, two arms, three heads and two wings ? "

"A man riding a horse, carrying a chicken. "

"Why does a giraffe have such long legs ? "

"Because he doesn't want to smell his feet. "

"What stands still and goes ? "

"A clock. "

▶ giraffe : 기린
▶ stand still : 가만 서 있다

『다리는 여덟, 팔은 둘, 머리는 셋, 날개가 둘인 것은?』

『닭 한 마리를 가지고 말을 탄 사람.』

『기린의 다리가 그토록 긴 까닭은?』

『발냄새를 맡고 싶지 않아서.』

『가만 서 있으면서 가는 것은?』

『시계.』

147. 트윈베드

The wealthy playboy married a beautiful girl who came from a large family with no money. She had never known what it was to sleep without several brothers and sisters sharing her room.

After the wedding, the happy couple registered at a luxurious hotel. When they were shown to their room, the bride burst into tears.

"Oh, dear," she wailed, "I was hoping we could have a room all to ourselves!"

▶ a luxurious hotel : 호화호텔
▶ burst into tears : 울음을 터뜨리다
▶ have~to oneself : ~을 독점하다

돈 많은 플레이보이가 식구가 많은 가난한 집안 미녀와 결혼했다. 형제자매 여럿과 한 방에서 지내온 그녀는 그렇지 않은 상황에서 잠자 본 경험이 없었다.

예식이 끝나자 행복한 신혼부부는 호화 호텔에 투숙하게 되었다. 방으로 안내되고 나서 침대 둘이 놓여 있는 것을 본 신부는 그만 울음을 터뜨렸다.

『아니, 우리 둘이서 방 하나를 독차지하는 것인 줄 알았는데』하며 한탄하는 것이었다.

148. 가 장

A man was telling his friend about his family. "When I get home after work," he said, "everything is ready for me, my slippers, my pipe, the newspaper — and always plenty of hot water."

"I understand the part about the pipe and slippers and the newspaper. " said the friend, "but what about the hot water ? "

"My family love me," the man responded. "You don't think they are going to make me wash the dishes in cold water, do you ? "

▶ plenty of : 많은

사내는 친구에게 가족에 관해 이야기했다. 『일을 마치고 집에 가면 슬리퍼, 담배파이프, 신문 등이 죄다 준비되어 있고……또 항상 뜨거운 물이 많이 준비되어 있다네.』

『파이프, 슬리퍼 그리고 신문이 준비되어 있다는 이야기는 알아듣겠네만 뜨거운 물은 무엇 때문에 필요한가?』하고 친구가 물었다.

『식구들은 나를 사랑한다네. 그러니 나더러 찬물로 설거지를 하게 할 리야 없잖냐구?』

149. 천국과 지옥

At a dinner party, the subject of Heaven and hell came up for a lengthy discussion.

Mark Twain took no part in it, so the woman seated next to him asked : "Why haven't you said something ? Surely you must have some opinion about this."

"Madam, you must excuse me," Twain replied. "I am silent because of necessity. I have friends in both places."

▶ subject : 화제
▶ come up : 거론되다
▶ take no part in it : 거기에 참여하지 않는다

만찬회에서는 천당과 지옥이 화제가 되어 한참 왈가왈부했다.

마크 트웨인이 일언반구하지 않자 옆자리에 앉았던 여자가 묻는 것이었다. 『어째서 아무 말씀도 없으세요? 필시 어떤 의견이 있으실 텐데.』

『부인, 죄송하지만 잠자코 있게 해 주십시오.』하고 마크 트웨인은 대답했다. 『저는 침묵을 지켜야만 할 입장입니다. 양쪽에 다 친구들이 있는 처지라서요.』

150. 정조대

> "I don't see why you insisted that your wife wear
> a chastity belt while we're away at the convention,"
> said the man to his closest friend. "After all, Al —
> between us as old buddies — with Emma's face and
> figure, who'd want her?"
> "I know, I know," replied Al, "but when I get
> back home, I can say I lost the key."

▶ chastity belt : 정조대
▶ between us : 우리끼리 얘기이지만
▶ buddy : (미국 구어)동료, 친구

『자네는 이번 회의에 오면서 기어이 부인에게 정조대를 채웠는데 나로서는 도무지 납득이 가지 않는 일이야.』라고 막역한 친구가 말했다. 『친구지간이라서 자네한테만 하는 소리네만 에마의 용모나 몸매를 가지고서야 어디 덤벼드는 사내가 있겠냐구?』

『그거야 나도 알다마다. 하지만 집에 돌아갔을 때 열쇠를 잃어버렸다고 할 수 있지 않냐구?』

151. 세일즈맨

The salesman's knock was answered by a beautiful woman.

"Oh, good morning madam. May I speak to your husband?"

"Sorry, he's away on business, and won't be back for a week."

He took another long look, sighed, and asked :
"May I come in and wait?"

▶ be away on business : 업무차 출타 중이다, 출장 중이다

세일즈맨이 노크하자 나타난 것은 미모의 여자였다.

『안녕하십니까 부인. 바깥양반 만나뵐 수 없을까요?』

『미안하게 됐군요. 출장가셨어요. 1주일 지나야 돌아옵니다.』

세일즈맨은 한참 여자를 바라보고는 한숨지으면서 물었다. 『들어가서 기다려도 될까요?』

152. 부부(Ⅰ)

Donald and his wife were bitterly quarreling, and neither would give way. Suddenly Donald pointed to a donkey in a field they were passing in their car.
 "Relative of yours ? " he asked.
 "Yes, " was the reply, "by marriage. "

▶ bitterly : 통렬히
▶ give way : 양보하다
▶ donkey : 당나귀

도널드네 부부는 심한 언쟁을 벌이고 있었는데 어느 쪽에서도 조금도 양보하려 하지 않았다. 그러다가 남편은 갑자기 그들이 자동차를 몰고 지나가던 들판의 당나귀를 가리키면서 한 마디 했다.
『당신 친척이잖아 ? 』
『그래요. 당신하고 결혼하는 바람에 그렇게 됐잖아요. 』하고 부인은 받아넘겼다.

153. 아인슈타인(I)

Albert Einstein was travelling to universities in a chauffeur-driven car, delivering lectures on his theory of relativity.

One day while they were on their way to a university, the chauffeur remarked : "Dr. Einstein, I've heard you deliver your lecture more than thirty times. I know it by heart and bet I could give it myself."

"Well, I'll give you the chance," said Einstein. "They don't know me at the next school, so when we get there, I'll put on your cap, and you introduce yourself as me and give the lecture."

알베르트 아인슈타인은 운전기사가 딸린 자동차편으로 이 대학 저 대학으로 다니면서 그의 상대성이론에 관해 강연하고 있었다.

하루는 어느 대학으로 가는 길인데 운전기사가 한 마디 하는 것이었다. 『박사님, 저는 이제 선생님 강연을 서른 번도 더 들었습니다. 그래서 이제 강연내용을 몽땅 외게 되었으니 저더러 강연을 하라 해도 해낼 자신이 있습니다.』

그러자 아인슈타인이 말했다.

『그렇다면 어디 한번 해 보지 그래. 지금 가는 대학에서는 내 얼굴을 모르고 있어요. 그러니 거기 도착하면 내가 자네 모자를 쓰고 운전기사가 될 터이니 자네가 나를 자처하고 나서서 강연을 해 보게나.』

154. 아인슈타인(Ⅱ)

The chauffeur delivered Einstein's lecture flaw-lessly. When he finished, he started to leave. But one of the professors stopped him and asked a question.

It was a complex question filled with mathematical equations. The chauffeur thought fast.

"The solution to that question is so simple," he said. "I'm surprised you have to ask me. In fact, to show you just how simple it is, I'm going to ask my chauffeur to come up here and answer your question."

운 전기사는 아인슈타인의 강연을 완전무결하게 해냈다. 그런데 강연을 마치고 나가려는데 교수 한 사람이 나서서 길을 막으면서 질문을 해 오는 것이었다.

그것은 수학방정식들이 잔뜩 얽힌 복잡한 질문이었다.

운전기사는 재빨리 궁리해 냈다.

『그 질문의 대답은 대단히 간단한 것입니다. 그런 걸 질문해야 하다니 참으로 뜻밖입니다. 실상 그것이 얼마나 쉬운 것인가를 보여드리기 위해 저의 운전기사를 이리로 불러다가 그 질문에 대한 해답을 해 드리도록 하겠습니다.』

155. 원수사랑

A priest observing Charles Bannister, the great English actor, about to drink a glass of brandy, said :

"Don't drink that filthy stuff ; brandy is the worst enemy you have."

"I know that, but we are commanded by Scripture to love our enemies."

▶ filthy : 불결한, 더러운
▶ stuff : 물건
▶ the worst enemy : 최악의 적
▶ Scripture : 성경. 신약 · 구약성서를 가리켜 Scripture, Holy Scripture 또는 the Scriptures라고 한다

영국의 명배우 찰스 배니스터가 브랜디 한 잔을 막 마시려는데 그것을 바라보고 있던 신부가 한 마디 했다.

『그 고약한 걸 왜 마십니까? 브랜디는 당신의 최악의 적입니다.』

『알고 있습니다. 하지만 성경에 보면 우리는 적을 사랑하라고 하지 않습니까?』

156. 웹스터(I)

Alexander H. Stuart and Daniel Webster were both cabinet members of American President Millard Fillmore. One day, on coming home, Stuart found in his hall a brace of ducks with Mr. Webster's name on them.

Knowing they were left by mistake, he told his coachman to take them to Webster's house and tell him the facts. In time the coachman returned with the ducks.

알렉산더 스튜어트와 다니엘 웹스터는 둘다 미국대통령 밀러드 필모어의 각료였다. 어느 날 집에 돌아온 스튜어트는 현관 홀에 오리 한쌍이 놓여 있는 것을 발견했는데 거기에는 웹스터의 이름이 적힌 쪽지가 달려 있었다.

잘못 배달된 물건임을 알게 된 그는 마부에게 시켜서 오리들을 웹스터씨 댁으로 가지고 가서 잘못 배달된 사실을 알리게 했다. 얼마 후, 마부는 그 오리들을 도로 가지고 왔다.

157. 웹스터(Ⅱ)

"I have delivered your message to Mr. Webster,"
said the coachman. "I told him the ducks were left
at your house by mistake."

"What did he say?" asked Mr. Stuart.

"Well, sir," replied the coachman, "Mr. Webster
told me to take the ducks back to you and thank
you for being more honest than he is, for your ducks,
which were left at his house by mistake, are already
on the fire."

『웹』스터 씨에게 말씀 전했습니다.』하며 마부는 보고했다. 『오리들이 착오로 선생님 댁으로 배달되었던 거라고 말씀드렸습니다.』

『그랬더니 뭐라던가?』하고 스튜어트 씨가 묻자 마부는 다음과 같이 대답했다.

『웹스터 씨는 말씀입니다. 저더러 오리들을 도로 가지고 가라시면서 장관님이 웹스터 씨와는 달리 정직한 사실에 감사의 뜻을 전해달라고 하셨습니다. 실은 장관님한테로 올 물건이 그 댁에 잘못 배달되었는데 그건 이미 조리 중이라는 것이었습니다.』

158. 동 침

During a conversation with a kindly old minister, the young man asked, "Is it really such a sin to sleep with a girl?"

"Oh, no," answered the minister, "but you young boys — you don't sleep."

▶ kindly : 다정한, 인정 있는
▶ minister : 목사
▶ sin : (종교나 도덕상의) 죄

인자한 늙은 목사님과 이야기를 나누고 있던 젊은이가 질문을 했다.

『여자와 함께 잠자는 게 정말로 그렇게도 죄가 되는 것입니까?』

『천만에』하고 목사님은 대답했다. 『하지만 자네들 젊은 이들 말이야……어디 잠을 자는 게 아니잖아.』

159. 동문서답

The young man relaxed on the bed enjoying a cigarette ; his girlfriend lay beside him lost in thought.

"Darling, " she said unexpectedly, as girls are wont to do, "let's get married. "

The young man took a long drag on his cigarette and, without turning, said, "Who would have us ? "

▶ relax : 힘이 풀리다, 나른해지다, 쉬다
▶ lost in thought : 생각에 몰두하여
▶ wont : ～하는 것이 습관인

청년은 침대에 축 늘어져서 담배를 피웠다. 그의 곁에 누워 있는 걸프렌드는 깊이 생각에 잠겨 있었다.

『이봐, 우리 결혼해.』하며 아가씨는 여자들의 입에서 으레 나오게 마련인 그 말을 느닷없이 꺼냈다.

청년은 담배를 한껏 빨아들이고 나서는 여자를 거들떠 보지도 않으면서 대답했다. 『어디 결혼하자는 상대자가 있어야지 ? 』

160. 아마추어

A housewife took a course in oil painting. As a beginner, she was delighted to see how much her paintings seemed to improve when they were framed. She even hung a few in the living room. One afternoon, an artist friend was visiting. Looking at the pictures, the friend asked, "Where did you get those pictures ? "

Timidly, the amateur painter replied, "I did it. "

"Oh, " she breathed a sigh of relief. "I'm so glad you didn't pay money for them ! "

어떤 가정부가 유화공부를 하러 다녔다. 틀에끼워 놓고 보니 제법 솜씨가 좋아지고 있구나 싶어 초심자인 그녀로서는 흐뭇해졌다. 그래서 그 중 몇 점을 거실에 걸어 놓기도 했다. 어느 날 오후, 화가친구가 찾아왔다. 그림들을 보자 그 친구는 『이 그림들 어디서 났지 ?』 하고 묻는 것이었다.

그러자 이 아마추어 화가는 머뭇거리면서 대답했다. 『내가 그렸어.』

친구는 안도의 숨을 몰아쉬면서 말했다. 『돈주고 산 게 아니라니 천만다행이군 !』

161. 깍쟁이

The Scotch chemistry professor was demonstrating the properties of various acids.

"Catch carefully," he instructed. "I am going to drop this two-shilling piece into a glass of acid. Will it dissolve?"

"No, sir," spoke up one student very promptly.

"Explain to the class why it won't dissolve."

"Because," came the answer, "if it would, you wouldn't drop it in."

▶ Scotch : 스코틀랜드(사람·말)의. 스코틀랜드인은 인색한 것으로 해서 자주 풍자대상이 된다
▶ property : 특성
▶ acid : 산(酸)
▶ dissolve : 용해하다
▶ speak up : 거리낌없이 말하다

스코틀랜드인 화학교수가 여러 가지 산의 특성을 보여 주고 있었다.

『잘 봐요.』하고 그는 학생들에게 일렀다. 『나는 이 2실링짜리를 산이 든 글라스에 떨어뜨리겠습니다. 이 속에 들어가면 용해될까요?』

『안 됩니다, 교수님.』하고 학생 하나가 당장에 거침없

이 대답했다.

『용해되지 않는 이유를 설명해 봐요.』

『그야 그것이 녹아 버린다면 교수님이 그곳에 떨어뜨릴 리가 없기 때문입니다.』라고 학생은 대답했다.

162. 치 통

Grandmother : "They tell me you had toothache yesterday. Has it stopped aching now ? "

Tommy : "I don't know, grandma."

Grandmother : "That's strange. Surely you know yourself if the tooth is aching now."

Tommy : "No, I don't. The dentist has got it."

▶ they tell me : ～라고들 한다
▶ toothache : 치통
▶ grandma : (미국)grandmother

할머니 :『너 어제 이빨이 아팠다면서. 이제 아프지 않냐?』

토미 :『모르겠어요, 할머니.』

할머니 :『너 이상한 소리 하는구나. 지금 이가 아픈지 안 아픈지는 네가 분명히 알 것 아니냐?』

토미 :『난 몰라요. 그 이빨은 치과의사가 가지고 있는 걸요.』

163. 미국농부

A book agent called on an American farmer to sell him a set of books on scientific agriculture.

"No. " said the farmer.

The salesman persisted and said, "If you buy and read these books, you could farm twice as good as you do now. "

"Listen, young fellow, " said the farmer. "I'm not farming half as good as I know. "

▶ scientific farming : 과학적 영농
▶ persist : 고집하다, 조르다

책장수가 과학영농에 관한 책 한 질을 팔려고 미국의 한 농부를 찾아갔다.

『안 사겠네.』라고 농부는 거절했다.

외판원은 끈덕지게 졸라댔다. 『이 책을 사서 읽으시면 지금보다 두 배나 많은 수확을 올릴 수 있게 됩니다.』

『이봐요 젊은이, 나는 농사일에 관해 내가 아는 것의 반도 써먹지 않고 있다네.』

164. 5000년

2nd Year Boy : "Just think, some of those ruins are five thousand years old. Isn't it amazing ? "

1st Year Boy : "Say, I'm not so foolish as to believe it. "

2nd Year Boy : "Don't you believe they are five thousand years old ? "

1st Year Boy : "How can they be ?   It's only 1986. "

▶ ruin : 폐허, 고적
▶ amazing : 놀랄 만한, 굉장한

2학년생 :『이 고적들 중에는 5000년이나 된 것도 있다니, 생각만 해도 놀랍잖아 ?』

1학년생 :『이봐, 난 그따위 소리 곧이들을 정도로 어리석지는 않단 말이야.』

2학년생 :『5000년 됐다는 걸 믿지 않는다는 말이지 ?』

1학년생 :『그렇게 됐을 리가 없잖아. 이제 겨우 1986년밖에 안 되는데.』

165. 부부(Ⅱ)

The tearful wife had finally gone back to her old mother.

"I never want to see Harold again," she sobbed. "We had ten children together and now he tells me he never loved me."

"Well, honey, that's not so bad," said Momma. "Just think of the fix you'd be in if he really had loved you."

▶ fix : 곤경

여자는 눈물을 찔끔거리면서 급기야 늙은 어머니를 찾아갔다.

『해럴드하고 다시는 만나지 않겠어요.』하고 그녀는 흐느끼면서 말했다. 『둘이서 아이를 열이나 낳아 놓고 이제 와서는 나를 사랑했던 적이 없었다지 뭐예요.』

『애야, 다행한 일인데 뭘 그러느냐.』하고 어머니는 달랬다. 『그 사람이 정말로 사랑했더라면 지금쯤 어떤 지경에 이르렀겠는가 어디 생각 좀 해 보렴.』

166. 자 녀

Delvin asked the doctor to perform a vasectomy on him.

"Well, " asked the physician, "have you discussed the operation and its implications with your wife and family ? "

"Yes, " declared Delvin. "I'm sort of lukewarm about it myself, but my wife persuaded me to put it to a vote with the children. "

"And what was the result ? " asked the doctor.

"The kids favored it nine to four. "

▶ vasectomy : 정관절제술
▶ implication : 함축성, 의미하는 것
▶ sort of : (구어)다소, 얼마간
▶ lukewarm : 미온적인, 마음이 내키지 않는
▶ put to a vote : 표결에 붙이다

델 빈은 의사에게 정관수술을 해 달라고 했다.
『한데, 이 수술을 받고 나면 어떻게 되는지를 부인이나 집안 식구들과 의논해 보셨던가요 ? 』하고 의사가 물었다.

『그럼요. 난 별로 마음이 내키지 않았지만 집사람이 설득하는 통에 아이들더러 표결하게 했어요. 』라고 델빈은 대답했다.

『해서 결과가 어떻게 나온 겁니까?』하고 의사는 물었다.

『아이들은 9 대 4로 찬성하더군요.』

167. 구두쇠(Ⅱ)

"I thought your son was going to study to be an eye specialist," said one Scotsman to another. "But now he tells me you have influenced him instead to take up dentistry."

"I left it pretty much to him," said the second Scotsman. "I simply pointed out to him that people have thirty-two teeth and only two eyes."

▶ Scotsman : 스코틀랜드사람. 구두쇠로 자주 조롱거리가 된다.

▶ influence : 감화시키다

▶ pretty much : very much

『자네 아들은 안과전문의가 되기 위한 공부를 하고 있는 줄 알았더니, 그의 말인즉 자네가 설득하는 바람에 치과로 바꾸게 되었다면서?』하고 스코틀랜드 사람이 다른 스코틀랜드 사람을 보고 말했다.

『나는 거의 그 녀석한테 맡기다시피했어』하고 상대방은 말했다. 『다만 사람에게는 치아가 서른두 개 있지만 눈은 둘뿐이라는 점을 일깨워 줬을 뿐이야.』

168. 허 세

The big Texas oilman swaggered into the cat house and asked for six girls. After he went upstairs, a man who was just leaving asked the madame :

"Can that essobee really handle half a dozen women ? "

Madam guffawed.

"Hell no, ……two of them are just for show ! "

▶ swagger : 뽐내며 걷다, 거드럭거리다
▶ cat house : 유곽
▶ essobee : s. o. b. : son of a bitch
▶ guffaw : 크게 웃다
▶ for show : 자랑으로, 과시하여

거드름을 피우며 유곽에 나타난 거구의 텍사스 석유업자는 여자 여섯을 달라는 것이었다.

그 사내가 위층으로 올라가자 그 집에서 막 나서려다가 그 장면을 목격했던 다른 손님이 주인 마담을 보고 물었다.

『아니 저 녀석 진짜 여자 반 다스를 감당해 낼 수 있다는 말이오?』

그러자 주인마담은 웃음을 터뜨리며 대답했다.

『천만에요. 그 중 둘은 허세 부리기 위해 추가한 거라구요.』

169. 슈퍼스타

> "Why are you so sad, Jim ? "
> "I dreamed I was a super star on a football team. "
> "Did you win ? "
> "Yes. "
> "Then why so sad ? "
> "Players were women. I had to rush them, tackle
> them, pile into them. "
> "What's wrong with that ? "
> "In that dream I too was a woman ! "

▶ football : 축구, 여기서는 미식축구를 의미한다, 일반 축구는 soccer라
함
▶ pile into them : 그들에게 덮치다

「이」봐, 웬일로 그렇게 침통한 표정이냐구 ? 』
『슈퍼스타로 축구에 출전한 꿈을 꿨어. 』
『자네 팀이 이겼나 ? 』
『그럼. 』
『그런데 어째서 그렇게 침통한 표정이야 ? 』
『선수들은 여자였어. 나는 그들에게 달려들어 태클하
고, 덮치고 했지. 』
『그렇다면 언짢아할 것 없잖아 ? 』
『그런데 그 꿈에선 나도 여자였단 말이야. 』

170. 요술경

One evening a farmer came to the observatory and said : "I've come here to see the moon through the telescope."

"Come again in about five hours," answered the man at the observatory. "The moon rises around two o'clock."

"I know that very well," said the farmer. "That's why I've come now. When moon rises, I can see it well without the aid of a telescope."

▶ observatory : 천문대, 기상대
▶ telescope : 망원경
▶ without the aid of : ~의 도움 없이

어느 날 저녁 농부 한 사람이 천문대로 찾아왔다.
『망원경을 통해 달구경을 했으면 해서 왔습니다.』
『다섯 시간쯤 지나서 다시 와 보시죠. 달은 두 시쯤 돼서야 떠오를 테니까요.』하고 천문대 사람이 말했다.
『두 시께라야 달이 뜬다는 것쯤은 나도 잘 알고 있어요. 그래서 지금 찾아온 게 아닙니까. 달이 떠오르고 난 후라면 망원경 없이도 잘 볼 수 있다구요.』

171. 양생(Ⅰ)

Three decrepit, gray-haired gentlemen were seated together in the park discussing their personal philosophies for achieving a ripe old age.

"I'm eighty-six," said the first, "and I wouldn't be here today if I hadn't scorned tobacco and alcohol in every form, avoided late hours and the sinful enticements of the opposite sex."

"I owe my ninety-three years to a strict diet." said the second old man.

품없이 쪼글쪼글해진 세 백발신사가 공원에서 자리를 같이하여 제각기 그토록 노령에 이른 데 대해 나름대로 일가견을 펴고 있었다.

『난 여든여섯인데, 술·담배를 아예 멀리하고, 밤늦게 나다니지 않고, 여자들의 못된 꾐을 멀리하지 않았던들 이 날 이때까지 살아남지는 못 했을 거로구먼.』하고 첫 노인이 말했다.

『나는 엄격하게 먹는 것을 조절해 온 덕에 아흔세 살까지 살게 된 것 같아요.』하고 두 번째 노인이 말했다.

172. 양생(Ⅱ)

"When I was eighteen," the third man said, "my father told me that if I wanted to enjoy life as much as he had, I should smoke cigars, drink nothing but hard liquor and carouse with a different woman every night. And that's exactly what I've done."

"Incredible," said the first old man.

"Amazing," said the second, for their friend was obviously the grayest, most elderly-appearing of the three.

"Just how old are you?"

"Twenty-two."

그러자 세 번째 사람이 입을 열었다. 『나는 열여덟 살 때 아버님이 말씀하시기를 당신처럼 세상을 즐기고 싶다면 시거를 태우고, 독주만을 마시며, 매일밤 여자를 번갈아 가면서 즐기라시더군요. 그래서 아버님의 분부대로 했죠.』

『놀랍군요』하고 첫 노인이 한 마디 했다.

『굉장하군요』하고 둘째 노인은 셋 중에서 가장 노쇠해 보이는 백발이 성성한 그 사람을 보고 물었다. 『그래 지금 연세가 어떻게 되셨어요?』

『스물둘입니다.』

173. 기사도

An elderly man was waiting at a bus stop with a number of women. As the bus approached, the man stepped back. One woman, about to board, turned to him and said :

"You certainly are a gentleman. Chivalry is not dead ! "

"Wrong bus," replied the man.

▶ elderly : 나이가 지긋한, 초로의
▶ step back : 뒤로 물러서다
▶ about to board : 막 (차에) 오르려는
▶ chivalry : 기사도, 기사정신

초 로의 한 남자가 여러 명의 여자들과 함께 버스정류장에서 차를 기다리고 있었다. 버스가 다가오자 그 남자는 뒤로 물러섰다. 버스에 타려던 한 여인이 그 남자를 보고 한 마디 했다.

『정말로 신사분이시군요. 기사도는 죽지 않았습니다!』

그러자 남자는 『내가 탈 버스가 아니라서요.』라고 대답하는 것이었다.

174. 데이트

"I nearly fainted when the fellow I was out with last night asked me to pet," exclaimed the sweet young girl to her date.

"Really?" said the date. "Then, you're gonna die when you hear what I have in mind."

▶ faint : 기절하다, 졸도하다
▶ pet : (미국 속어) (이성을)껴안고 애무하다
▶ exclaim : 외치다, (격앙하여)큰 소리로 말하다
▶ gonna : going to
▶ have in mind : ~을 생각하다, 의도하다, 계획하다

『난 어젯밤에 하마터면 까무러칠 뻔했어. 내가 데이트했던 그 사내친구 말야, 나하고 페팅을 하자지 뭐야.』하고 귀엽게 생긴 아가씨가 데이트하고 있는 남자에게 격앙된 어조로 말했다.

『그랬어?』하고 사내는 말했다. 『그렇다면 내가 지금 뭘 생각하고 있는지를 알게 된다면 숨이 넘어가게 생겼는걸.』

175. 섹스교육

> When teenage Tessie turned up pregnant, her
> father demanded :
> "Who is your child's father ? "
> Tessie sobbed :
> "How in hell should I know ? Since you and mom
> wouldn't let me take sex education, I don't even
> know how I got this way ! "

▶ turn up : (어떤 상태를)드러내다
▶ demand : 묻다, 질문하다
▶ How in hell~ : 도대체 어떻게 해서~

십대의 테시가 임신한 사실이 드러나자 아버지가 따졌다.

『애 아비가 누구냐?』

테시는 울먹이면서 대답했다.

『그걸 도대체 어떻게 알 수 있단 말이에요. 아빠하고 엄마가 나를 성교육을 받지 못하게 했으니 어떻게 해서 이꼴이 됐는지조차도 알 수 없잖아요.』

176. 조 형

Two young male students were discussing the newly-discovered fact that the human body is 92 percent water. Just then a lovely coed walked by and conversation stopped. In a moment one of the boys resumed the subject by remarking, "Man, she sure did a lot with her eight percent!"

젊은 남학생 둘이 인체의 92%는 물로 되어 있다는 새로운 사실에 관해 이야기를 나누고 있었다. 바로 그때 예쁜 여학생이 지나가는 바람에 두 사람의 이야기는 중단되었다. 여학생이 지나가고 나자 사내녀석 하나가 다시 그 이야기로 되돌아가서 한 마디 했다. 『이봐, 저애는 나머지 8%를 정말 기차게 잘 처리했군!』

177. 허 영

A man was driving to town one morning with his wife. The weather was hot and the windows were rolled up. "Honey," he said, "Please open the windows."

"Are you crazy?" she exclaimed. "And let our neighbors driving in the next lane know our car isn't airconditioned?"

▶ roll up (the window) : (자동차의 창문을 손잡이를 돌려서)닫다
▶ in the next lane : 옆차선

어느 날 아침 남편은 아내와 함께 차를 몰고 시내로 들어가고 있었다. 날씨는 무더운데 차의 창문들은 꼭 닫혀 있었다.

『여보, 창문을 좀 엽시다.』하고 남편이 말했다.

『아니, 당신 돌았어요?』하며 부인은 버럭 소리를 질렀다. 『그럼 바로 우리 옆에서 달리고 있는 이웃집 사람들이 우리 차에 냉방이 돼 있지 않다는 걸 알아 버리잖아요.』

178. 키 스

"Did you follow my advice about kissing your girl when she least expects it ? " asked the sophisticated college senior of his younger fraternity brother.

"Oh, hell, " said the fellow with the swollen eye, "I thought you said where. "

▶ sophisticated : 세상물정에 닳고 닳은
▶ college senior : 대학졸업반 학생
▶ fraternity : (미국) 남자대학생 사교클럽
▶ Oh, hell : 제기랄

『내가 시킨 대로 전혀 예기치 않은 때에 그 아가씨한테 키스해 줬을 테지.』하며 그 방면에 조예가 깊은 대학졸업반 학생이 같은 클럽에 속해 있는 하급생에게 물었다.

『아뿔싸, 난 그게 아니라 전혀 예기치 않는 데다가 하라는 줄로 알았죠.』하며 눈이 퉁퉁 부어오른 하급생은 대답했다.

179. 중 단

During one of NBC-TV's Tonight Shows, a New York housewife told Johnny Carson that she had four children—aged two, three, five and six.

"How come you missed having a four year-old child?" asked Carson.

"Oh," replied the woman, "that was the year we got our first color TV set."

▶ Tonight Show : 미국 NBC-TV의 인기프로. 사회자의 이름을 따서 Johnny Carson Show라고도 함
▶ How come? : Why?

NBC 방송의 「투나잇 쇼」에 나온 뉴욕의 한 가정 주부는 프로를 진행시키고 있는 조니 카슨에게 자기는 두 살, 세 살, 다섯 살 그리고 여섯 살 먹은 네 아이의 어머니라고 했다.

『웬 일로 네 살짜리는 빠졌죠?』하고 카슨이 물었다.

『그건요, 우리가 컬러TV를 처음으로 장만한 해였어요』라고 여자는 대답했다.

180. 쿨리지

American President John Calvin Coolidge once invited some friends to dine at The White House. They were worried about their table manners, so they decided to do everything Coolidge did. The meal passed smoothly until coffee was served and he poured this into a saucer. The guest followed suit, then he added sugar and cream. The visitors did likewise. Coolidge leaned over and gave his to the cat.

미국 대통령 존 캘빈 쿨리지는 친지 몇 사람을 백악관으로 초대하여 식사대접을 한 적이 있었다. 초청받은 사람들은 식탁에서 지켜야 할 예절이 걱정이었다. 그래서 그들은 쿨리지 대통령이 하는 대로만 따라 하기로 결정했다.

식사는 원만히 진행되었는데 그러다가 커피가 나오자 쿨리지는 그것을 접시에 따르는 것이었다. 손님들도 그가 하는 대로 했다. 이윽고 대통령은 설탕과 크림을 커피에 넣었다. 손님들도 뒤따라서 했다. 쿨리지는 몸을 구부리더니 그 접시를 고양이에게 주는 것이었다.

181. 재 치

A boy walked into a farmer's melon patch and asked the price of a fine big melon.

"That's forty cents," said the farmer.

"I have only four cents," the boy told him.

"Well," smiled the farmer, and he pointed to a very small and very green melon. "How about this one?"

"Fine, I'll take it," the boy said, "but don't cut it off the vine. I'll call for it in a week or two."

▶ melon : 참외
▶ patch : (경작한) 작은 땅 한 뙈기
▶ call for it : 그것을 찾으러 오다

어떤 농부의 참외밭에 나타난 소년은 잘 익은 큼직한 참외 하나를 가리키면서 값을 물었다.

『그건 40센트야.』하고 농부가 값을 밝혔다.

『저한테는 4센트밖에 없는데요.』라고 소년은 말했다.

『그렇다면 이걸로 하렴.』하며 농부는 아직 익지도 않은 아주 작은 놈을 가리켰다.

『좋아요. 그걸로 하죠. 하지만 따지는 마세요. 한두 주 지나서 찾아갈게요.』

182. 요술(I)

A quick-witted tramp, hungry and thirsty, called at a wayside tavern, and asked the company he found there, if they would care to witness a few conjuring tricks. Having obtained permission to perform, he proceeded in the following manner. He procured three pieces of bread and cheese from the landlord, and placed each under a hat borrowed from three of the company. He then explained that the trick was to eat the three pieces and finally bring them all under one hat.

허기지고 목마른 건달이 길가의 술집에 들어서더니 거기 있는 사람들을 보고 요술 몇 가지 구경하지 않겠느냐고 물었다. 사람들이 찬성하자 그는 다음과 같이 진행시켰다. 술집주인으로부터 빵조각과 치즈를 얻은 그는 그것을 손님 셋으로부터 빌린 모자 속에 각각 집어넣었다. 그리고는 그 세 조각의 빵을 먹어서 마침내 모두가 한 모자 아래로 모이게 하는 것이 자신이 하고자 하는 요술이라고 설명했다.

183. 요술(Ⅱ)

After eating two pieces, he declared he could not proceed further, unless he had a drink. A pint of ale was hereupon provided, and the other piece quickly disappeared.

"Now, gentlemen," said the man, "under which hat shall I bring all three pieces?"

One was pointed out, whereupon the rogue quietly placed the hat on his head, and marching out, left the gentlemen in astonishment.

빵 두 개를 먹고 난 그는 술이 좀 들어가지 않고는 도저히 계속할 수가 없겠다고 했다. 그래서 에일 한 파인트를 줬더니 그것을 마시고 나서 남은 빵 하나를 거뜬히 먹어치웠다.

『자아, 여러분』하고 그는 물었다. 『이제 내가 먹은 이 모든 것을 어느 모자 아래로 가게 할까요?』

사람들은 모자 하나를 가리켰다. 그러자 그 건달은 그 모자를 머리에 쓰고는 성큼성큼 걸어나가서 손님들을 아연 실색케 했다.

184. 식　솔

Two enterprisers met for a business lunch. They began to talk about world problems, high taxes, the cost of living and, finally, their families.

"I have six boys, " said one of them proudly.

"That's a nice family, " sighed the other. "I wish to heaven I had six children. "

"Don't you have any kids ? "

"Oh, yes, twelve. "

▶ business lunch : 업무를 겸한 오찬
▶ cost of living : 생계비
▶ enterpriser : 사업가, 기업가

두 사업가가 오찬을 나누면서 업무협의를 하기 위해 자리를 같이했다. 두 사람은 세계문제, 과중한 세금, 생활비 등에 관해 이야기를 나누었는데, 급기야는 가족이 화제가 되었다.

『나는 아들 여섯을 두고 있습니다.』하고 한 사람이 자랑스럽게 말했다.

『거 참 꼭 좋군요. 아이들이 여섯이면 얼마나 좋겠어요.』하며 상대편은 한숨지었다.

『자녀들이 없으신가요 ? 』

『아뇨, 있습니다. 열둘이나요.』

185. 노하우

"This bill is exorbitant," protested the doctor to the service station. "For a few hours' work you're charging me more than physician gets."

"But, Doctor," said the manager, "you must remember that you are all the time working on the same old piece of machinary, while we fellows have a whole flock of new models every year and have to learn all over again each time."

▶ exorbitant : (요구·값 따위가) 엄청난, 지나친, 터무니없는
▶ flock : 떼, 무리
▶ all over again : 되풀이하여

『이』건 터무니없이 비싼데.』하고 의사는 서비스공장에 항의했다.

『겨우 몇 시간 일한 대가로 이런 금액을 청구하다니, 이건 우리 의사들이 받아내는 돈보다도 더 많잖냐구?』

『하지만, 선생』하고 공장 관리인은 설명했다.

『이걸 아셔야죠. 의사들이야 항상 똑같은 걸 손질하지만 우리야 해마다 새 모델이 쏟아져 나와서 그때마다 완전히 새로 배워야 한답니다.』

186. 재치문답(I)

"Now, class," said Miss Mead, "Can you tell me one of the uses of cowhide?"

"Sure," said George. "It holds the cow together."

"When does an automobile go just as fast as a train?"

"When it is on the train."

▶ uses of cowhide : 쇠가죽의 용도
▶ hold together : 뭉쳐놓다, 결합하다

『자아, 여러분, 쇠가죽의 용도를 한 가지 댈 수 있겠어요?』하고 여선생이 물었다.

『네에』하고 조지가 대답했다. 『쇠가죽은 소를 한데 싸잡아 줍니다.』

『어떤 때에 자동차는 기차와 똑같은 속도로 갑니까?』

『기차에 실렸을 때예요.』

187. 고용(Ⅱ)

Nervously clearing his throat and assuming a firm stance, the hired man said to his boss : "I've been with you for 25 years and I've never asked you for a raise before."

The farmer replied : "Well, Clem, that's why you've been with me for 25 years."

▶ nervously : 신경질적으로, 침착성 없이
▶ clear throat : 목청을 가다듬다

머슴은 안절부절 못하며 목청을 가다듬고는 단호한 태도로 주인에게 한 마디 했다.

『나는 25년간 여기서 일해 왔지만 급료를 올려 달라는 소리는 단 한 번도 한 적이 없었습니다.』

그러자 농장주인은 『이보게, 그 때문에 자네는 25년간을 나와 함께 있을 수 있었던 게야.』라고 응수했다.

188. 배멀미

On his first ocean voyage, a man became terribly seasick. His groaning and gasping were interrupted by, "Shall I send you some dinner, sir?" from the steward.

"No," he said. "Just throw it overboard and save me the trouble."

▶ ocean voyage : 대양횡단항해
▶ terribly seasick : 심하게 배멀미 난
▶ groan : 신음하다
▶ gasp : 헐떡이다
▶ overboard : 배 밖으로, (배에서) 물 속으로

처음으로 바다여행을 하게 된 사람이 지독한 배멀미를 했다. 신음하며 헐떡이는 그에게로 관리인이 다가와서 물었다.

『식사를 보내 드릴까요?』

『일 없네. 먹을 것이라면 바다에 집어던져서 이 고생을 덜어 주게.』

189. 엽 색

While attending an engagement party given by his friend, the young fellow boasted of his past sexual exploits. "You know," he declared, looking over the assembled guests, "I've slept with every girl here, with the exception of my sister and my fiancee."

"That's interesting," his friend responded. "Between the two of us, we've had them all."

▶ boast of : ～을 자랑하다
▶ sexual exploit : 엽색행각
▶ with the exception of : ～을 제외하고
▶ fiancee : 약혼한 여자 (약혼한 남자는 fiance)
▶ between the two of us : 우리 둘이서

친구의 약혼파티에 나온 젊은이는 그의 엽색행각을 자랑했다. 그 자리에 나온 사람들의 위로 한 바퀴 시선을 돌리고 난 그는 『여기 나온 처녀들 가운데 내 동생하고 내 약혼자를 빼고는 모두가 내가 관계했던 여자야.』라고 으스댔다.

『거 재미있군. 그러니까 자네하고 나하고 둘이서 여기 나온 처녀들을 모조리 해치운 거로군.』하고 친구는 응수했다.

190. 새벽일과

A visitor coming to a small town immediately noticed a predominance of children of all ages. This unusual situation aroused his curiosity and he asked the town policeman about it.

The policeman rubbed his chin and drawled, "It's this way. The damn express train rushes by here every morning at five. It's too early to get out of bed, and too late to go back to sleep."

▶ predominance : 우월, 지배
▶ drawl : 점잔을 빼며 천천히 말하다.
▶ rush by : 질주하여 지나가다

작은 고장을 찾은 방문객은 아이들이 무척 많은 사실을 대번에 눈치챘다. 이 이례적인 사실에 호기심을 느낀 그는 그곳 경찰관에게 까닭을 물었다.

『그 사연인즉 이렇답니다. 그 놈의 급행열차가 매일 아침 다섯 시에 이곳을 지나가거든요. 잠자리에서 일어나기에는 너무 이르고 그렇다고 다시 잠들기에는 너무 늦은 시간이라서…….』

191. 재치문답(Ⅱ)

"There's no difficulty in the world that you cannot overcome when you do your best," said the Sunday-school teacher.

"Please, sir," said little Jimmie, "Have you ever tried squeezing toothpaste back into the tube?"

▶ overcome : 극복하다
▶ do one's best : 최선을 다하다
▶ squeeze : 꽉 죄다, 짜다

『최선의 노력을 해서 극복하지 못할 어려움이란 이 세상에는 없습니다.』라고 일요학교 선생님이 말했다.

그러자 어린 지미가 묻는 것이었다.

『저어, 선생님. 밖으로 나온 치약을 튜브 속으로 도로 밀어넣어 보려고 해 본 적이 있었어요?』

192. 배 필

A businessman in his late forties, went to the clinic for a complete checkup before marriage. The doctor told him, "You'll make a great husband, you're in the very prime of life. Who's the lucky lady?"

The man replied, "My new secretary."

The physician exclaimed, "You can't marry her! She's barely out of high school, and you're pushing 50."

The businessman protested, "You said I was in the prime of life."

"That you are……but what do you plan to do when she reaches her prime?"

40대 후반의 기업인이 결혼을 앞두고 종합검진을 받기 위해 병원에 갔다. 『한창 때이니 훌륭한 신랑감이 되겠습니다. 행운의 상대자는 누구입니까?』하고 의사는 물었다. 『새로 들어온 비서랍니다.』

『그건 안 됩니다. 그 여자는 지금 겨우 고등학교를 나온 나이이고 당신은 50을 바라보는 나이가 아닙니까?』라고 의사는 말했다.

『아니 지금 나는 한창 때라면서요?』라고 기업가는 이

의를 제기했다.

『그래요. 하지만 그녀가 한창 때가 되었을 때엔 어떡하고요 ?』

193. 프랭크

Friends were surprised, indeed, when Frank and Jennifer broke their engagement, but Frank had a ready explanation :

"Would you marry someone who was habitually unfaithful, who lied at every turn, who was selfish and lazy and sarcastic ? "

"Of course not, " said a sympathetic friend.

"Well, neither would Jennifer. "

▶ habitually unfaithful : 만성적으로 지조가 없는
▶ at every turn : 가는 곳마다, 언제나
▶ sarcastic : 빈정대는

프랭크와 제니퍼의 약혼이 파탄나자 친구들은 정말로 놀랐다. 그런데 당사자인 프랭크는 그 이유를 거리낌없이 설명했다.

『자네라면 말이야, 지조가 없는 것이 습성이 되어 버렸고, 노상 거짓말을 일삼으며, 이기적이고 나태한데다 빈정대기를 좋아하는 사람하고 결혼하겠냐구 ?』

『물론 안 하지.』하며 친구는 프랭크에게 동정하면서 대

답했다.

『그래서, 제니퍼도 그런 사람하고는 결혼하지 않겠다는 걸세.』

194. 재발견(Ⅰ)

> Suspicious of his wife, a traveling executive hired a detective agency to keep tabs on her, and the agency brought all its technical facilities to bear on the assignment. When the man returned from his next trip, he was called to the agency's headquarters where he was shown both still and motion pictures and heard tape recordings. It was true : his wife was having an affair, and with one of his best friends.

출장 다니는 기회가 많은 임원이 부인의 거동이 수상쩍어 홍신소 사람을 고용하여 그녀의 뒤를 캐게 했다. 홍신소 사람은 그가 맡은 일을 해내기 위해 온갖 기술적 방편을 동원했다. 그 임원이 다음번 여행을 마치고 돌아오자 홍신소에서는 그를 불러다가 그들이 그 동안에 그녀를 추적하면서 촬영한 스틸사진과 무비사진들을 보여 주는 한편 대화내용들을 녹음했던 것도 들려 주었다.

그의 아내가 외간 남자와 정을 통하고 있고, 그 상대자가 그의 절친한 친구의 한 사람이라는 사실이 확증되었다.

195. 재발견(Ⅱ)

The evidence was conclusive : glamorous nights on the town, motel assignations, nude-bathing scenes, whispered endearments, intimate laughter.

"It's difficult to believe," sighed the client.

"About your friend's involvement?" asked the private detective.

"No, I could believe that of him," mumbled the husband sadly, "but I can't believe that my wife could be so much fun!"

　그들의 정사장면을 입증하는 증거들이 결정적으로 나타났다. 시내와 모텔에서의 밀회, 알몸으로의 수영장면, 다정스런 속삭임, 희희낙락하는 장면.

『도무지 믿을 수가 없군.』하고 조사의뢰인은 한숨지었다.

『친구분하고 어울렸다는 사실말입니까?』하고 흥신소 조사원이 물었다.

『아니오. 그 사람이 능히 그런 짓을 할 수 있는 친구란 건 나도 알고 있었지.』라고 한 남편은 서글픈 표정으로 말을 이었다. 『내가 도무지 믿을 수 없는 건 우리 마누라가 그토록 재미나는 여자라는 사실이야.』

196. 문 맹

A man had been arrested for being drunk and disorderly, and while he was being charged at the police station, the local sergeant asked him : "Can you read and write ? "

"I can write, not read. "

"Write your name, then" said the sergeant. The prisoner took a pencil and scrawled huge letters on the page.

"What is that you've written ? " demanded the puzzled sergeant.

"I don't know, " replied the prisoner. "I told you I can't read. "

▶ disorderly : 난폭한, 난잡한

술에 취해 행패를 부린 사람이 검거되어 경찰서에 입건되었는데, 담당경찰관은 그를 보고 『글을 읽고 쓰고 할 수 있는가 ? 』하고 물었다.

『쓸 수는 있지만 읽지는 못해요. 』

『그럼 이름을 써 봐요. 』하고 경찰관이 말했다. 그러자 사내는 연필을 잡고 큼직한 글씨들을 찍찍 갈겨 썼다.

『뭘 쓴 거요 ? 』하고 경찰관이 어리둥절해하며 물었다.

『나도 몰라요. 난 읽지는 못한다고 했잖아요. 』

197. 금혼식

It was grandma and grandpa's 50th wedding an-
niversary, and all day long the house had been buzzing
with relatives and friends offering congra-tulations.
The whole thing had tired out the guests of honor.
Toward evening, grandma and grandpa were taking
advantage of the quiet in the parlor.

"Martha," said grandpa reflectively, "I'm proud
of you."

"What's that, pa?" she said. "You know I can't
hear you without my hearing aid."

"I said I'm proud of you."

"That's all right," she murmured. "I'm tired of
you, too."

할머니와 할아버지의 결혼 50주년 기념일이라 축하하러 온 친척과 친지들로 집안은 온종일 시끌벅적했다. 두 주인공은 완전히 지쳐 버렸다. 저녁 때가 되자 할머니와 할아버지는 조용한 응접실로 가서 한숨 돌렸다.

『여보』하며 할아버지는 회고조가 되면서 말했다.

『난 당신이 자랑스럽구려.』

『뭐라구요, 할아범?』하고 할머니가 물었다.

『난 보청기없이는 말을 알아듣지 못하잖아요?』

『난 임자가 자랑스럽다구 했어.』

『그래도 괜찮아요. 나 역시 당신한테는 진저리가 난다구요.』

198. 잣 대

The bus conductor stopped before a passenger who was sitting with his arms extended in front of him.

"Your fare, please?" he asked.

"You'll find a penny in my right hand coat pocket," said the man.

The conductor stared at the man suspiciously.

"Is anything the matter with your arms?"

"Oh, no," came the reply, "the width between my hands is the size of a pane of glass I'm going to buy."

▶ extend : 뻗다

▶ in front of : ~ 앞에

▶ Is anything the matter with~ ? : ~에 이상이 있는가

버스 차장은 두 팔을 벌리고 앉아 있는 승객 앞에 가서 걸음을 멈췄다.

『요금 주세요.』

『내 상의 오른쪽 호주머니 속에 동전이 있어요.』라고 승객은 대답했다.

차장은 수상쩍게 여기면서 그 사내를 바라봤다.
『팔에 이상이 있는 겁니까?』
『아뇨, 지금 유리사러 가는 길인데, 요 두 손 사이 길이
만큼의 것을 사와야 해요.』

199. 초 상

One day, a society woman who had been one of the loveliest debutantes in town nearly 30 years before, had her portrait painted by the same artist who had painted her soon after her coming-out party, long years before.

The matron was not pleased with the results this time. "I can't understand it," she complained. "In the first portrait, you somehow managed to capture all my beauty."

The artist was a born diplomat. "Oh, but you must remember," he said, "I was mearly 30 years younger then ! "

근 30년 전 그 고장 사교계에 처음으로 등장하여 일류미인의 한 사람으로 손꼽혔던 사교계의 명사가 하루는 그 무렵에 그녀의 초상화를 그려 주었던 화가에게 다시 초상화를 그리게 했다.

그런데 이번 그림은 그녀의 마음에 들지 않았다. 『참 알 수 없는 일이군요.』하며 여자는 불평했다. 『첫 초상화에서는 나의 아름다운 면이 두루 돋보이게 해 주셨잖아요?』

그 화가는 외교적 재치가 몸에 밴 사람이었다. 『하지만 그건 제가 근 30년이나 젊었을 무렵의 솜씨였다는 걸 아셔야죠.』

200. 기 생

> "I'm absolutely ashamed of the way we live," a wife complained to her husband. "Mother pays our rent. My aunt buys our clothes. My sister sends us money for food. I'm ashamed that we can't do better than that."
>
> "You should be ashamed," her husband said. "You've got two uncles who don't send us a dime."

▶ be ashamed of : ~을 부끄러워하다
▶ absolutely : (구어) 정말로
▶ dime : 미국의 10센트짜리 은화

『우리가 사는 꼴 이거 정말로 창피해서 못 견디겠어요.』라고 아내가 불평했다. 『집세는 어머니가 내 주시고, 옷가지는 우리 이모가 보내 주시고, 식료품 살 돈은 언니가 보내 주고……이 꼴을 면치 못하니 창피해 못 살겠어요.』

『그래 당신 정말로 창피한 줄 알아야 해.』하며 남편이 대꾸했다. 『당신 아저씨되는 사람이 둘이나 있잖아. 그런데 그 사람들은 땡전 한 닢 도와 주지를 않으니 말이야.』

201. 이혼사유

The man sued his wife for divorce because she called him stupid. "That's not sufficient grounds," said the judge. "Just why did she call you stupid?"

The man explained, "I came home and caught her in bed with a strange man. I cried 'What in the world are you doing?' and she answered, 'What does it look like I'm doing, stupid'?"

The judge granted the divorce…….

▶ sue for divorce : 이혼소송을 제기하다
▶ sufficient grounds : 충분한 근거
▶ What in the world are you doing? : 대관절 무엇을 하고 있는가
▶ look like : ~인 것 같다, ~처럼 보이다
▶ grant divorce : 이혼을 승인하다

사내는 아내가 그를 보고 바보라고 했다 해서 이혼 소송을 제기했다.

『그건 충분한 이유가 될 수 없어요.』라고 판사는 말했다. 『한데, 어째서 바보라고 하던가요?』

『집에 와 보니 알지 못하는 남자와 함께 잠자리에 있었

습니다. 그래서 제가 소리를 질렀습니다. 「도대체 무슨 짓을 하는 거야」하고 말입니다. 그랬더니 「바보 같으니라구, 뭘 하고 있는지 보면 몰라요?」라고 하더군요.』
사내가 이렇게 설명하자 판사는 이혼을 승인했다.

202. 속삭임

A handsome Hollywood actor with a cold, so bad that he couldn't speak above a whisper, knocked doctor's office late one night, and the doctor's wife answered.

"Is the doctor in?"

"No, he isn't," the wife answered, also in whisper, "come in."

▶ couldn't speak above a whisper : 속삭이듯 하는 소리로 겨우 말할 수 있었다

심한 감기 때문에 속삭이듯 나직한 목소리로 겨우 말하는 할리우드의 미남배우가 밤늦게 개인병원을 찾아가 노크하자 의사 부인이 나타났다.

『선생님 계세요?』

『아뇨, 안 계십니다. 들어오세요.』하고 의사 부인도 속삭이는 소리로 대답했다.

203. 구 매

The buyer of supplies for a big firm had been on a buying trip for three months. Every week he'd send a telegram to his wife saying : "Can't come home. Still buying."

The wife stood it for a while, but when the fourth month started she decided to do something about it. She sent him a telegram : "Better come home. I'm selling what you're buying."

▶ buyer of supplies : 물자구매원
▶ stand : 견디다, 참다

어느 큰 회사의 구매원이 출장길에 오른 지 3개월이 되었다. 그는 매주 아내에게 『아직도 구매 중이라 집에 가지 못해요.』라는 전보를 쳤다.

한동안 그런가 보다 하고 있던 아내는 남편의 출장이 4개월째로 접어들자 무슨 수를 써야겠다고 마음먹었다. 그리고는 남편에게 전보를 쳤다. 『돌아오도록 해요. 당신이 돈으로 사고 있는 것을 나는 팔고 있어요.』

204. 스코틀랜드 기질

A Scotsman visited Niagara Falls with an American friend. As they were watching the great rush of water, the latter said : "There is a story that if you throw a penny into the Falls, it will bring you luck."

"Is that so ?" asked the Scotsman. He considered a moment and then said, "Have you a bit of string ?"

▶ great rush of water : 엄청난 양의 물
▶ penny : 페니(영국의 청동화, 12분의 1실링)

스코틀랜드 사람이 미국인 친구와 함께 나이애가라 폭포를 구경하러 갔다. 엄청나게 쏟아져 내리는 폭포수를 바라보고 있다가 미국인 친구가 한 마디 했다.

『폭포 속에다가 동전 한 닢을 던지면 행운이 온다는 이야기가 있다네.』

『그래?』하고는 잠시 생각하던 스코틀랜드인은 말을 이었다. 『뭐 끄나풀 좀 가진 것 없어?』

205. 작문(Ⅲ)

The subject of literary composition assigned to the class was "Poverty."

The daughter of a wealthy industrialist wrote a story about a poor family. Her essay began : "Once upon a time there was a poor family. The mother was poor, the daddy was poor, the children were poor. The butler was poor. The chauffeur was poor. The maid was poor. Everybody was poor……."

▶ literary composition : 작문
▶ assign : (학생에게 과제를)지정하다
▶ industrialist : 산업경영자
▶ butler : 하인들의 우두머리
▶ chauffeur : (자가용차 따위의)전속 운전기사

작문시간에 주어진 제목은 「가난」이었다.
부유한 기업가의 딸은 가난한 가정에 관한 이야기를 썼다. 그녀의 글은 이렇게 시작되었다.
『옛날옛적에 한 가난한 가정이 있었습니다. 어머니도 가난하고, 아빠도 가난하고, 아이들도 가난했습니다. 집사도 가난했습니다. 운전기사도 가난했습니다. 하녀도 가난했습니다. 모두가 가난했습니다…….』

206. 학자(Ⅰ)

A party of scholars were going out one day in the holidays to catch rabbits. Among them was one who had not had a bit of the quality known as common sense, so the others asked him not to talk for fear lest he should scare the rabbits. But no sooner had he caught sight of a number of rabbits than he called out, "Ecce multi cuniculi ! Ecce multi cuniculi ! "

학자들 일행이 휴가철의 어느날 토끼사냥하러 나갔다. 그런데 그들 중에는 이른바 상식이라고 하는 것은 아예 찾아볼 수도 없는 사람이 끼여 있었다. 그래서 다른 학자들은 그 사람 때문에 토끼들이 겁을 먹고 도망가지나 않을까 걱정되어 제발 잠자코 있어 달라고 부탁했다. 그런데 여러 마리의 토끼들을 발견하게 되자 그는 『엑시 멀티 쿠니쿨리, 엑시 멀티 쿠니쿨리』라고 외쳐댔다.

207. 학자(Ⅱ)

"Ecce multi cuniculi" means in English, "Behold many rabbits." Of course the rabbits ran off to their holes, and the scholars were much disappointed. They blamed their noisy friend, but he innocently answered.

"Whoever would have thought that rabbits could understand Latin ?"

『엑』시 멀티 쿠니쿨리』란 영어로 말하면 『저많은 토끼들을 보라.』는 뜻이다. 물론 토끼들은 그들의 굴로 달아났고 함께 갔던 다른 학자들은 실망을 금치 못했다. 그들은 시끄럽게 떠들어댄 동료학자를 나무랐다. 그러나 그 사람은 천진난만하게 대답하는 것이었다.

『토끼들이 라틴어를 알아들을 줄이야 도대체 누가 상상인들 할 수 있었겠냐구요?』

208. 조의 아내

"I don't understand it. Joe's dead wife was one of the wildest gals in town. She was never faithful to him, but he comes into your place and orders one of the biggest tombstones for her."

"Do you know what he asked to have engraved on it."

"What ? "

"He wants the stone to read : At last she sleeps alone."

▶ gal : girl
▶ tombstone : 묘비
▶ engrave : (돌에) 새기다

『알다가도 모를 일이야. 조의 죽은 부인은 이 고장에서 방종하기로 손꼽히는 여자였잖아. 남편에 대한 지조라는 건 전혀 없었는데도 그는 자네한테 와서 제일 큰 묘비를 주문했으니 말이야.』

『묘비에 뭐라고 새겨 달랬는지 알아?』

『뭐랬는데?』

『이렇게 새겨 달라는 거야, 「마침내 이 여자는 홀로 잠들다」라고 말야.』

209. 환 상

Single girl : "The man I want to marry must be
musical, tell good jokes, sing, dance
and stay home nights."
Married woman : "You don't want a husband, you
want a television set."

▶ single girl : 미혼녀, 독신녀
▶ nights : at nights, 밤마다

미혼녀 :『내가 결혼할 남자는 있잖아, 음악적이고, 농담을 잘하며, 노래를 부를 줄 알고, 춤도 추며, 밤만 되면 집에 와서 시간을 보내는 그런 사람이라야 해.』

기혼녀 :『네가 찾고 있는 건 남편이 아니라 TV수상기로구나, 애.』

210. 조 니

Mother entered the room and saw her small son Johnny putting a bandage round his finger.

"My poor child," she said tenderly, "how did you come to hurt your finger?"

"I hit it just now with the hammer," said the boy.

"But I didn't hear you cry, you brave boy."

"I thought you were out," replied the child.

▶ bandage : 붕대
▶ tenderly : 부드럽게, 상냥하게, 걱정하면서
▶ how did you come to~ : 어찌하여 ~하게 되었는가

어머니가 방에 들어와 보니 어린 아들 조니는 손가락에 붕대를 감고 있었다.

『가엾게도, 어쩌다가 손가락을 다쳤지?』하고 어머니는 걱정스러워하면서 물었다.

『나 지금 막 망치로 때렸단 말이야.』하고 꼬마는 말했다.

『하지만, 그러고도 울지 않으니 너 참 장하구나.』

『난 엄마가 없는 줄 알았잖아.』하고 어린것은 말했다.

211. 각성제

"I can't sleep, Doctor," said the patient.
"Well, hire a beautiful nurse and kiss her every fifteen minutes," advised the doctor.
"Will that put me to sleep?"
"No. But it will be a plasure to keep awake."

▶ hire : 고용하다
▶ every fifteen minutes : 15분마다
▶ put to sleep : 재우다

『선생님, 난 잠을 이룰 수가 없습니다.』하고 환자가 하소연했다.

『그러시면 예쁜 간호사 아가씨를 데려다 놓고 15분마다 키스를 해 보시죠.』하고 의사가 권했다.

『그러면 잠들게 되나요?』

『아니죠. 하지만 그렇게 되면 깨어 있는 것이 즐거울 것입니다.』

212. 의사(Ⅱ)

> While working together in surgery, nurses, technicians and doctors must depend on each other completely. As a result, everybody is very sensitive to one another's moods and actions. One day, while working on a long and delicate operation, the doctor suddenly began acting strangely. It was as if he couldn't do the job which was going quite well. Something about the doctor's demeanor caused the rest of the team to exchange furtive, puzzled glances. At the end of the successful operation, the doctor calmly bent over and, with his gloved hands, pulled his pants up from around his ankles.

▶ demeanor : 행실, 태도
▶ furtive, puzzled glance : 이상해서 슬쩍 엿보는 것
▶ bend over : (몸을 앞으로) 구부리다

수술을 할 때에는 간호사, 의료기사, 의사가 완전히 혼연일체가 되어야 한다. 따라서 모두가 다른 사람의 기분과 거동에 사뭇 신경을 쓴다. 장시간을 요하는 미묘한 수술이 진행되고 있는 어느날, 의사는 갑자기 거동이 이상해졌다. 수술이 잘 진행되고 있는 편이었는데 의사는 갑자기 수술을 계속할 수 없다는 듯한 표정이었다. 의

사의 거동이 어딘지 모르게 이상해지자 다른 사람들은 서
로 눈을 흘깃거리면서 궁금해했다. 수술이 성공리에 끝나
자 의사는 말없이 몸을 앞으로 구부리더니 수술장갑을 낀
채 발목께로부터 바지를 걷어올리는 것이었다.

213. 모자(Ⅰ)

"The woman next door has a hat just like the one I bought," the wife wailed.

"And I suppose you want me to buy you another," replied her husband.

"Well, it would be cheaper than moving."

▶ wail : 울부짖다, 한탄하다
▶ the woman next door : 옆집 여자
▶ move : 이사하다

『옆 집 여자가 내가 산 것하고 똑같은 모자를 가지고 있어요.』하고 아내는 한탄했다.

『그래서 나더러 모자를 또 하나 사달라는 게로군.』하고
남편이 말했다.

『글쎄요, 그렇게 하는 게 이사가는 것보다는 싸게 먹힐
것 아니에요?』

214. 상　술

The proprietor of a highly successful optical shop was instructing his son as to how to charge a customer.

"Son, after you've fitted the glass, and the customer asks what the charge will be, you say, 'The charge is $10.' Then pause and wait to see if he flinches. If the customer doesn't flinch, you say, 'for the frame. The lenses will be another $10.' Then you pause again, this time only slightly, and watch for the flinch. If the customer doesn't flinch, this time you say firmly, 'Each.'"

▶ proprietor : 소유주, (상점 등의)주인
▶ optical shop : 안경점
▶ flinch : 움찔하다

안경점을 경영하여 크게 성공한 사람이 손님들로부터 값을 받아 낼 때의 요령에 관해 아들에게 가르치고 있었다.

『렌즈를 끼웠을 때 손님이 「얼맙니까」하고 물어오면 「10달러요」라고 하는 거야. 그리고는 잠시 그쪽 반응을 봐야 해. 손님이 놀라는 기색이 없으면 「안경테 값 말입니다. 렌즈값은 별도로 10달러 됩니다」라고 하는 거야. 여기

서 다시 잠시 멈칫 하고는 손님의 기색을 살펴야 해. 이번
에도 놀라는 기색이 없으면「하나 값이 그렇단 말입니다」
라고 단호하게 한 마디 하란 말이다.』

215. 관 심

A wife complained to her hairdresser :
"My husband's been telling me that I have too
many gray hairs."
"Don't worry," came the reply, "you're lucky
he still looks that close."

▶ hairdresser : 미용사
▶ gray hair : 흰 머리털, grey로 표기하기도 함
▶ look close : 정밀하게 관찰하다

어 떤 가정주부가 미용사에게 하소연을 했다.
　　『우리 남편은 나한테 흰 머리가 너무 많다는 소리
를 하곤 해요.』
　『걱정하실 것 없어요.』라고 미용사는 타일렀다. 『바깥
양반께서 여태까지도 그렇게나 관심을 가지고 봐 주신다니
다행스러운 일이지 뭡니까.』

216. 가 계

Bill : "My wife drives me crazy with her constant
demand for money, money, money ! "
Tom : "What does she do with all the money ? "
Bill : "I don't know. She never gets it. "

▶ drive a person crazy : 미치게 하다
▶ constant demand : 부단한 요구

빌 :『마누라가 돈을 달라고 쉴새없이 졸라대니 이거
사람 미치겠어.』
톰 :『그렇게 돈을 받아내 가지고는 뭘 하는데 ?』
빌 :『모르겠어. 아직 한 번도 돈을 쥐 본 적이 없으니
말이야.』

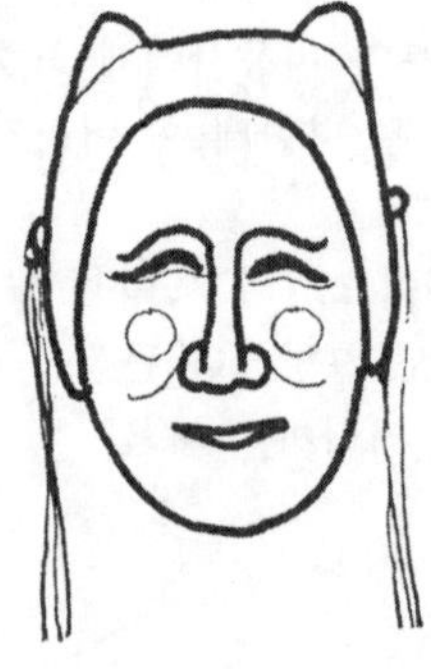

217. 졸 부

> The news broke that ditchdigger had been willed one million dollars. The press services descended upon the excavation where he was working. "Will one million dollars make any drastic changes in your life ? " asked one reporter.
>
> "Certainly, " said the laborer. "Now I can have a chauffeur drive me to work. "

▶ ditchdigger : 도랑파는 사람
▶ will : 유증하다
▶ press services : 보도진
▶ descend upon : ~에 갑자기 몰려가다
▶ excavation : 굴파기, 구덩이
▶ drastic change : 큰 변화

어떤 사람이 그의 유산 100만 달러를 도랑파는 일을 하는 사람에게 물려 주기로 했다는 소식이 터져 나왔다. 보도진은 그 사람이 도랑파는 일을 하고 있는 현장에 들이닥쳤다.

『100만 달러가 생겼으니 이제 생활이 크게 달라지겠죠?』하고 한 기자가 물었다.

『물론입죠. 이제 땅파러 나올 때 운전기사가 딸린 자가용 편으로 다닐 수 있겠죠.』라고 그 인부는 대답했다.

218. 십 대

Two teenagers were determined to get married in spite of the objections of their parents. Finally they gave their consent.

The girl knew all the facts of life since her mother had instructed her carefully in that department.

"But," said the girl's mother, "what about Tommy?"

"Don't worry," said the bride-to-be. "His father has had many heart-to-heart talks with him."

Right after the honeymoon night, however, the bride called her mother and said, "Mom, I don't think this boy has ever been weaned."

▶ the facts of life : 섹스에 관한 지식
▶ department : 부문, 분야
▶ heart-to-heart : 털어놓은, 숨김없는
▶ wean : 젖을 떼다

한 쌍의 십대가 부모들의 반대를 무릅쓰고 결혼하기로 작정했다. 급기야 부모들도 동의했다.

아가씨는 어머니가 그 방면에 관해 용의주도하게 가르친 덕분에 섹스에 관해 충분히 알게 되었다.

『한데 토미는 어떡하냐?』하고 어머니가 말했다.

『걱정없어요.』하며 신부될 아가씨는 말했다.『아버지가 탁 터놓고 이야기를 해 주셨대요.』

그런데 신혼여행을 떠난 이튿날 신부는 어머니에게 전화를 걸어왔다.『엄마, 얘는 아직도 젖먹이인가 봐요.』

219. 이유(I)

The husband wired home that he had been able to wind up his business trip a day early and would be home on Thursday. When he walked into his apartment, however, he found his wife in bed with another man.

Infuriated, he quickly picked up his bag and ran out into the street. On the way to his club he happened to meet his mother-in-law and announced that he would file suit for divorce in the next morning.

출장나갔던 남편은 예정보다 하루 일찍 일을 끝내고 목요일에는 귀가한다고 집에 전보를 쳤다.

그런데 집에 돌아와 보니 아내는 외간남자와 잠자리에 들어 있는 것이 아닌가.

남편은 화가 나서 펄쩍 뛰면서 여행가방을 집어들고는 거리로 뛰쳐나왔다. 그런데 공교롭게도 그의 클럽으로 가

는 길에 장모와 마주치게 되자 다음날 아침에 이혼소송을
제기하겠노라고 했다.

220. 이유(Ⅱ)

"Give my daughter a chance to explain before you
take any action," the old woman pleaded. So, with
much reluctance the man allowed himself to be
persuaded by her.

About an hour later the mother-in-law phoned
the husband at his club. "I knew my daughter would
sure have a good reason," said the old woman in a
triumphant voice. "As a matter of fact, she didn't
receive your telegram."

『소송을 제기하기 전에 딸아이에게도 사정 이야기
를 할 기회를 줘야 할 것이 아닌가.』하고 장모
는 그를 달랬다. 그는 마지못해 장모의 청을 받아들이기로
했다.

한 시간 후 장모는 클럽에 있는 그에게 전화를 걸었다.
『난 딸아이에게 필시 무슨 사정이 있었을 것으로 믿었다
구.』하며 장모님은 의기양양해서 말했다. 『글쎄, 자네가
쳤다는 그 전보말일세, 그 애는 그걸 받지 못했다잖아.』

221. 생 산

Dr. Jones, making a house call, rang the bell.
The door opened. There stood a woman completely
naked.

"Don't be shocked," she said, "I'm a nudist."

As the doctor was about to enter, a bunch of kids
rushed passed him.

"Are they all yours?"

"Yes, Doctor."

"How many are there?"

"Nineteen."

"Lady," said the doctor, "you're not a nudist,
You just don't have time to get dressed."

▶ house call : 왕진
▶ a bunch of kids : 한 떼의 아이들
▶ get dressed : 옷을 입다

왕진 나온 의사는 벨을 눌렀다. 문이 열렸다. 안에
는 알몸의 여인이 서 있었다.

『놀라실 것 없어요. 저는 나체주의자예요.』라고 여인은
말했다.

의사가 안으로 들어가려는데 아이들이 우르르 몰려와서
는 그의 옆을 지나갔다.

『애들은 모두 부인 아이들인가요?』

『그렇습니다.』

『모두 몇입니까?』

『열아홉이에요.』

『부인은 나체주의자가 아니라 옷을 입을 겨를이 없는 거로군요.』

222. 사격연습

During the American Revolutionary War, Daniel Webster's father went out every morning with his regiment for target practice. As the mark was quite a distance away, it was difficult to determine when a bullet struck it. However, a bullet that did not strike the mark would land in a lake and cause a visible splash. So it was decided that if no splash followed, it would be taken for granted that the marksman had hit the target.

Day by day the elder Webster took aim, fired and never the slightest ripple disturbed the lake. His fellow troopers were amazed at his accuracy. Finally, one man asked him his secret.

"I never use bullets in my gun," said Webster with a smile.

▶ target practice : (표적을 사용하는)사격연습

▶ splash : 물을 철벅 튀김
▶ take for granted : 당연한 일로 생각하다
▶ Daniel Webster : 노예제도, 텍사스 병합에 반대했던 미국 정치인

미국 혁명전쟁 중에 다니엘 웹스터의 아버지는 아침마다 그의 연대와 함께 사격연습을 하러 갔다. 표적은 꽤 먼 곳에 있었으므로 명중여부를 확인하기가 어려웠다. 그런데 표적에 맞지 않은 탄알은 호수에 떨어지면서 확연하게 물을 튀겼다. 그래서 물이 튀지 않으면 표적에 맞은 것으로 하기로 했다.

날마다 웹스터 아버지는 조준을 해서 사격을 하곤 했는데 수면에는 물결하나 일지 않았다. 그의 정확한 사격술에 동료들은 감탄했다. 마침내 한 사람이 비결을 물었다. 그는 미소를 지으면서 『난 실탄을 사용하지 않는다네.』라고 말했다.

223. 모자(Ⅱ)

Little Johnny came from school crying, "Ma, all the boys are picking on me. They say I have a big head."

"You don't have a big head, Johnny. So now run along and play."

The same thing happened the next day, and the next, and each time Johnny's mother confronted him with the same story.

"Once and for all, Johnny, you don't have a big head. Now please go down and get me ten pounds of potatoes."

"O.K., Ma, give me a sack."

"Sack? What do you need a sack for? Use your cap."

▶ pick on : (미국 구어) 괴롭히다, 못살게 굴다
▶ confront : 맞서다
▶ once and for all : 이번만으로, 이번을 마지막으로

학교에 갔던 어린 조니는 울먹이면서 돌아왔다. 『엄마, 애들이 죄다 나를 놀린단 말야. 내 머리가 크다고.』

『네 머리는 크지 않아. 그러니 어서 가서 놀아라.』

똑같은 일이 다음 날에도, 그 다음 날에도 되풀이되었고, 그때마다 조니의 어머니는 같은 이야기를 되풀이했다.

『그 얘기라면 제발 그만하자. 네 머리는 크지 않대도 그러니. 자, 가서 감자 10파운드를 사 오렴.』

『알았어, 엄마. 자루가 있어야지.』

『자루라니? 자루는 뭣 하려고? 네 모자면 되잖아.』

유머人生 제4집

1995년 9월 25일 인쇄
1995년 10월 1일 발행

編 著 韓國經濟新聞社 出版部
發行人 朴 勇 正
發行處 韓國經濟新聞社
　　　　서울시 中區 中林洞 441
　　　　전 화 안 내 : (360) 4114
　　　　직통 : (313) 8293/(312) 0063
1967년 5월 15일 登錄 第2—315號
ISBN 89—475—2145—0

정가 4,500원

國家의 興亡盛衰

M. L. 올슨 著
崔 洸 譯
〈4×7판 / 334면 / 7,000원〉

한 나라의 흥망성쇠는 자본·노동·투자·저축 등의 경제적 변수보다 史的 사회변화과정에서 찾고 있다. 이 책은 강한 이익집단의 등장은 사회체제를 경직시켜 원활한 경제순환을 저해하고 결국 경제성장에 負의 영향을 미친다는 것이다.

메가트렌드 2000

J. 나이스비트 著
金弘基 譯
〈신국판 / 366면 / 8,000원〉

90년대는 정치개혁과 경이적인 기술혁신 등으로 지금까지와 전혀 다른 변화양상을 인류에게 줄 것이다. 이 책은 90년대의 변화로 경제호전, 예술의 번영, 시장사회주의의 출현, 복지국가의 쇠퇴 등 과거 어둡고 비관적인 세기말적 변화보다는 밝고 새로운 흐름을 부각시키고 있다.

마이크로코즘

조지 길더 著
韓榮煥 譯
〈신국판 / 458면 / 9,000원〉

인간이 개발한 최대 걸작품인 컴퓨터의 능력과 영향력은 어디까지 진보할 것인가? 이 책은 현대의 핵심기술인 컴퓨터·반도체의 발전과정과 미래에 전개될 마이크로칩의 기술혁명 그리고 경제에 미칠 파급효과를 예리하게 분석한 力著.

소리없는 戰爭

I. 매거지너·M. 패티킨 著
韓榮煥 譯
〈신국판 / 470면 / 9,000원〉

치열한 국제경쟁력에서 기업이 살아남기 위한 다양한 전략모델을 제시한 경영전략서. 이 책은 다양한 분야에서 미국과 경쟁관계에 있는 선진국·중진국의 경영성공 및 실패사례 분석과 정부·업계에 의한 공동기술개발전략을 심도있게 다루고 있다.

隨筆로 엮은 經濟學

B. 그레이브스 編著
朴炳鎬 編譯
〈신국판/450면/8,500원〉

세계 석학들이 발표한 명문의 경제수필 중에서 우리 실정에 맞는 62편을 선정, 우화나 실제 사례를 들어 경제학을 쉽고 재미있게 엮었다. 복잡한 수식이나 도표없이도 경제학의 意味로부터 역사에 이르기까지 강의식으로 기술하였다.

21세기 美國파워

조제프 S. 나이 著
朴魯雄 譯
〈신국판 / 270면 / 6,000원〉

미국은 과거의 영국이나 스페인처럼 그리고 오늘날의 소련처럼 몰락할 것인가? 이 책은 폴 케네디가 역사적 관점에서 미국의 쇠퇴를 전망한데 비해 본 저자는 과거와는 달라진 현대세계, 즉 정보화시대·상호의존성 등 현실에 바탕을 둔 세계 경제적 데이터와 함께 미국과 세계의 앞날을 새로운 시각에서 분석하였다.

끝없는 挑戰

高承濟 著
〈신국판 / 460면 / 8,000원〉

기업은 속성상 부단히 변화하고 현실에 능동적으로 적응하지 않으면 살아남을 수 없다. 이 책은 세계를 주름잡는 대기업들의 오늘이 있기까지 그 성장비결과 企業家 불굴의 인내와 집념 그리고 순간순간의 상황극복을 위한 성장배경·성장과정을 세계 90여 企業·企業家들을 추적 관찰·분석한 力著.

경영혁명

톰 피터스 著
盧富鎬 譯
〈신국판 / 820면 / 12,000원〉

정보화사회는 불확실성이 심화된 사회로 기업경영의 경기규칙과 새로운 경영스타일 등 생존을 위한 변화는 가히 혁명적이라 할 수 있다. 이 책은 전통적 사고에 도전하고 조직이 사람을 위해 존재할 수 있도록 변화를 유도하는 45가지 경영 실천전략을 제시한 기업경영자의 「비즈니스 핸드북」

유러퀘이크

D. 버스타인 著
孫一鉉 譯
〈신국판 / 488면 / 9,000원〉

탈냉전을 맞이하여 세계 경제질서의 새로운 구도와 대혁신은 어떻게 변모할 것인가? 이 책은 뉴욕타임즈 등 언론계에서 10년간 종사해온 필자가 수백명의 각국 저명인사와의 인터뷰를 통해 유럽통합으로 새국면을 맞이하고 있는 세계 경제질서의 변화과정과 앞으로의 전망을 심층분석한 力著.

株價추세선의 활용

禹春植 著

〈4×6판 / 170면 / 3,000원〉

성공적인 주식투자를 보장받기 위해서는 주가추세선을 활용하는 과학적 투자기법이 선행되어야 한다. 이 책은 추세선을 활용하는 방법, 추세반전을 예고하는 주가모형, 추세강화를 예고하는 주가모형, 추세선의 기술적 분석 등 주가가 움직이는 방향을 미리 전망하도록 실전투자자를 위한 주식투자 지침서.

20세기를 움직인 思想家들

기 소르망 著

姜偉錫 譯

〈신국판 / 426면 / 8,000원〉

20세기 사상계에 결정적인 영향을 끼친 사람들은 과연 누구인가? 프랑스의 저명한 경제학자이자 사회학자인 기 소르망이 29명의 생존해 있는 현대 최고의 사상가들과 직접 인터뷰를 통해 그들 자신이 선택한 분야에 전생애를 바친 사상과 사색의 놀라운 통찰을 기록·정리한「살아있는 도서관」.

리더企業의 興亡

올웨이즈연구회 編

尹勇喆·李知英 共譯

〈신국판 / 184면 / 4,000원〉

기업의 시장리더는 과연 존재하는가? 리더가 패배하는 조건은 무엇인가? 기업의 장기적 성장논리는 무엇인가? 이 책은 시장셰어 변동에 대한 리더기업의 흥망 또는 기업성장의 논리를 경쟁대항전략·다각화전략 관점으로 분석. 경영자원의 효율적 활용방안을 새모델로 제시하고 있다.

成功發想의 열쇠 10가지

D. 웨이트리 著

金聖淑 譯

〈신국판 / 286면 / 6,000원〉

사람은 누구나 성공하기를 갈망한다. 행동과학에 바탕을 둔 이 책은 읽는 바로 그 순간부터 마음의 양식이 되어 참신한 아이디어를 여러분께 제공할 것이다. 이 책은 단순논리를 사실과 진실을 통해 살아있는 성서의 지혜나 의학의 새로운 발견에 따른 성공을 위한 10가지 기본원칙을 심도있게 분석·관찰한 자기계발 지침서.

일본식 經營

李奉珍 著

〈신국판 / 490면 / 8,000원〉

기업이 성장·발전하려면 타기업에 앞서는 시장동태와 시장수요에 대응할 수 있는 경영기법이 요구된다. 이 책은 일본의 소규모 기업이 세계적인 글로벌 비즈니스로 성장하기까지의 기업진화 과정에서 취했던 경영비법과 노하우에 대한 실제적 모습을 저자가 직접 체험을 통해 소개한 일본식 경영 안내서.

제5세대 經營

찰스 새비지 著

高柄國 譯

〈신국판 / 358면 / 8,000원〉

산업시대에서 지식시대로의 전환과정에서 기업이 나아갈 새방향을 재정립한 기업경영 지침서. 미국의 저명한 경영 컨설턴트인 저자는 이 책에서 급변하는 시대에 살아남기 위해서는 산업시대의 사고방식인 계층형 조직을 타파하고 휴먼 네트워킹에 의한 기업의 통합화를 설득력 있게 전개하고 있다.

中國 현대화의 野望

馬 洪 著

申泰煥 監譯

〈신국판 / 482면 / 9,000원〉

세계 인구의 5분의 1을 차지하고 있는 중국이 폐쇄적인 사회주의 노선에서 개방적인 현대화 노선을 추구하고 나섰다. 이 책은 중국적 특색의 사회주의 현대화 정책 노선을 지향하고 그동안 개방화에서 경험한 긍정적·부정적 측면을 토대로 중국 사회주의경제 현대화의 배경, 노선, 전망 등을 심도있게 연구·분석한 경제정책서.

强大國의 大戰略

폴 케네디 編著

孫一鉉 譯

〈신국판 / 302면 / 6,000원〉

이 책은 주로 유럽 강대국들이 겪어온 경험사례 중 경제·정치·군사적 목표를 달성하기 위하여 사용된 대전략의 성공과 실패에 관한 평가를 심도있게 다루고 있어 미래의 정책방향을 설정하고 국가 안보상의 목표를 위해 장·단기적 국가전략 운영을 어떤 방법으로 슬기롭게 펼칠 것인가 등의 정책대안을 제공해 줄 것이다.

미래의 經營

로버트 B. 터커 著
金朱洙 譯
〈신국판 / 252면 / 5,000원〉

이 책은 1990년대 기업환경을 결정지을 추세에 대한 예리한 통찰로 가득차 있다. 이 책은 90년대의 대표적 시대추세를 스피드화, 편의화, 연령층의 변화 물결, 다양화, 생활양식의 변화, 가격할인, 가치부가, 대고객 서비스, 기술우위, 품질중시라는 10대 추세로 대표된다고 지적하고 이들의 예시와 대응방법을 제시하고 있다.

高温超電導

田中昭二 編著
成台鉉 譯
〈신국판 / 234면 / 5,000원〉

초고속의 자기부상열차, 손실없는 전력저장장치 및 전력송전 등 인간이 꿈에 그리던 일이 현실로 다가서고 있다. 이 책은 초전도연구의 세계적 기관으로 떠오른 일본의 「초전도 공학연구소」 연구원들이 최신 연구성과를 바탕으로 21세기를 주도할 신비의 물질 고온초전도 전반을 쉽게 설명했다.

變革의 순간을 잡아라

리처드 닉슨 著
李耕一 譯
〈신국판 / 352면 / 8,000원〉

세계 냉전체제 이후 지각변동을 일으키고 있는 세계 권력구조에 대해 분석·고찰한 닉슨 前미국 대통령의 力著. 이 책은 탈냉전 이후 세계 유일 초강대국으로 부상한 미국이 「정의로운 평화」를 위한 신세계질서 구도와 함께 그 역할에 관해 심층분석한 닉슨 생애의 아홉번째 화제작.

未來企業

피터 F. 드러커 著
高柄國 譯
〈신국판 / 416면 / 8,000원〉

우리 시대의 가장 뛰어난 사회·경영학자이자 미래학자인 드러커의 「변혁시대 기업생존전략 연구서!」 이 책은 세계경제가 빠르게 바뀌어 감에 따라 기업의 새로운 생존 경영전략 모델, 즉 기업이 살아남기 위한 5가지 변화조건을 예리하게 분석·고찰했다. 특히 사회·경제학 시각에서 세계경제 흐름을 통찰한 力著.

日本經濟의 構想

田中直毅 著
金淳鎬 譯
〈신국판 / 354면 / 7,000원〉

세계적인 냉전체제와 더불어 점차 쇠퇴조짐을 보이고 있는 미국을 대신해 국제무대에서의 주역을 꿈꾸는 일본. 이 책은 20세기 최후의 10년을 분수령으로 보고 21세기를 향해 엔(円)화를 세계 최강의 통화로 부상시키기 위해 새로운 경제구상을 도모하고 있는 일본의 경제전략과 야망을 심층 해부했다.

成長株·成長企業

高聖洙 著
〈신국판 / 398면 / 7,000원〉

증권시장의 개방으로 시장환경은 물론 성장기업이나 성장주의 개념도 크게 바뀌고 있다. 이 책은 기업의 시장변화에 따른 적용전략, 소비형태 및 개방경제하에서의 성장전략 그리고 성장주의 변천과 그 전망을 밀도있게 분석했다. 특히 경기순환상에서 성장기업·成長株의 진단·판별력과 투자기법을 새로운 시각에서 다루었다.

韓半島統一과 經濟統合

安斗淳 著
〈신국판 / 260면 / 5,000원〉

독일은 통일된 후 2년이 훨씬 지난 지금까지 실업증가와 기업도산, 단축조업 등 경제적 후유증에 시달리고 있다. 이 책은 통일독일이 겪고 있는 경험들을 토대로 한반도 통일에 대비해 우리의 시장경제와 북한의 계획경제와의 통합시 겪어야 할 단계와 부작용의 최소화 방안 등을 경제적 측면에서 조망했다.

지구의 위기

도넬라 H. 메도우즈外 共著
黃建 譯
〈신국판 / 354면 / 7,500원〉

현재와 같은 추세로 인구·산업화·공해·자원고갈 등의 문제가 지속된다면 지구는 돌이킬 수 없는 파국을 맞게 될 것이다. 이 책은 이와 같은 미래전망에 우리가 도전하기만 한다면 물질적·사회적·생태학적으로도 문제가 없는 사회를 이룩할 수 있음을 13개 시나리오로 미래의 지구를 조망한 力著.

韓國式 경영

李奉珍 著
〈신국판 / 382면 / 7,000원〉

우리의 국제경쟁력을 제고하는 최상의 방안은 한국의 문화전통을 기본 축으로 한 경영방식이라고 역설한 力著. 이 책은 우리나라의 문화가 기술과 경제의 교착관계 속에서도 놀라운 적응력을 보여주는 일본과 유사한 점이 많다는 것을 지적, 「일본식 경영」과 같은 맥락에서 「한국식 경영」을 구체적으로 분석·적시한 기업경영 지침서.

複合不況

宮崎義一 著
梁汶容 譯
〈신국판 / 270면 / 5,500원〉

美·日 등 선진국을 중심으로 한 80년대 금융자유화 조치는 금융기관들의 치열한 경쟁을 유발, 버블에 따른 연쇄도산이라는 새유형의 불황을 초래했다. 이 책은 버블경제의 형성, 팽창, 붕괴의 과정 등 선진국에서 동시 다발적으로 일어난 버블현상의 배경과 특히 일본경제의 붕괴 메커니즘을 실증적으로 분석·진단했다.

독일연방은행

데이비드 마쉬 著
辛相甲 譯
〈신국판 / 420면 / 8,000원〉

유럽통화협정의 수호자이자 유럽 전반의 극적 변화에 절대적 영향력을 미치는 독일연방은행이 맡은 정치적·경제적 역할의 전모를 파헤친 실체. 이 책은 독일연방은행이 어떻게 운영되고 어떤 인맥으로 구성된 사람들이 움직이는가 그리고 나치정권과의 미묘한 관계 등 금융기관 특유의 베일을 현직 저널리스트가 리얼하게 조망했다.

管理職의 위기

제임스 R. 엠쇼프外 共著
李仁世 譯
〈신국판 / 306면 / 6,000원〉

종업원과 기업의 가치관, 신념, 태도, 기대수준이 바뀌어 이를 정확히 파악하지 못하면 조직에서 살아남기 어렵다. 이 책은 기업조직에서 더욱더 요구하는 경험축적 4가지 유형, 즉 부하관리, 고객관리, 리더십, 리스크관리의 경험법칙을 분석·소개하고 조직의 수평화시대에 맞는 차별화전략을 체계있게 정리한 조직관리자의 필독서.

비밀帝國

자네트 로우 著
李大桓 譯
〈신국판 / 314면 / 6,000원〉

최근들어 국가의 권한을 능가하는 또다른 권위의 주체들이 급부상하고 있다. 이 책은 속칭 「비밀帝國」으로 일컬어지는 「거대다국적기업」의 가공할 권력의 실체를 추적·분석한 力著. 특히 自社의 확장을 위해 지역·인종·국가를 초월 무차별적인 거대다국적기업군의 행태연구를 통해 세계경제와 기업세계의 판도변화를 예측했다.

장기전략계획

趙東成·李光賢 共著
〈신국판 / 258면 / 5,000원〉

장기전략계획이란 기업이 추구하는 목표를 달성하기 위해 여러 사람이 힘을 합하는 시스템이다. 이 책은 어느 한 개인이 아닌 기업 구성원 모두가 어떤 역할과 과정을 통해 뜻을 모으고 힘을 합쳐 계획을 입안·수립하는 방법론을 제시하고 있다. 특히 장기전략계획의 수립방법에서 절차 및 시행까지 일목요연하게 다룬 기업경영 실무서.

21세기 준비

폴 케네디 著
邊道殷·李日洙 譯
〈양장 / 500면 / 9,000원〉

우리에게 충격을 던졌던 「강대국의 흥망」 저자 폴 케네디 교수가 다가올 21세기 문명세계의 각종 위기를 명쾌히 분석·정리한 力著. 이 책은 향후 30년 사이 우리에게 닥칠 도전들과 그 대응방법 그리고 인구폭발, 환경오염, 생물공학, 로봇, 통신수단, 가공할 파워의 양태 등을 특유의 통찰력으로 분석·예견하고 있다.

국제산업스파이

피터 슈바이처 著
黃建 譯
〈신국판 / 420면 / 8,000원〉

脫냉전 종식이후 정치·군사첩보전이 경제·기술첩보전으로 옮겨가면서 기업체의 산업첩보활동이 크게 강조되고 있다. 이 책은 일본·독일·한국·이스라엘 등 세계 각국이 미국 기업체와 연방정부를 상대로 펼친 경제첩보활동을 연대순으로 파헤친 실화물이다. 특히 企業의 첩보부서 설립의 필요성과 기업스파이 활동을 박진감있게 다루었다.

33 投資信託의 理解 　朴正旭 著 〈208면 / 1,800원〉	52 年金의 理解 　金聖在 著 〈171면 / 1,800원〉
34 福利厚生 概說 　全湳軫 著 〈248면 / 2,300원〉	53 原價와 原價管理 　辛容伯 著 〈250면 / 2,500원〉
35 企業財務의 知識 　鄭鍾洛 著 〈195면 / 1,800원〉	54 國際金融市場 개론 　郭泰運 著 〈244면 / 2,500원〉
36 金融政策 입문 　權五哲 著 〈282면 / 2,300원〉	55 企業物流의 知識 　林浩奎 著 〈230면 / 2,300원〉
37 不動産 이야기〈改訂版〉 　李源俊 著 〈292면 / 2,500원〉	56 技術開發의 知識 　林陽澤 著 〈226면 / 2,300원〉
38 金과 달러 이야기 　安洪植 著 〈194면 / 1,800원〉	57 設備投資分析 입문 　姜錫昊 著 〈197면 / 2,000원〉
39 經營情報學 개론 　申鉉吉 著 〈240면 / 2,100원〉	58 알기쉬운 自動車保險〈改訂版〉 　朴善七 著 〈206면 / 2,500원〉
40 商品先物去來 실무 　李玄烈 著 〈224면 / 2,000원〉	59 事務自動化 이야기 　趙東成 著 〈237면 / 2,400원〉
41 金融先物·옵션去來 　金鍾郁 著 〈200면 / 1,800원〉	60 從業員持株制의 理解 　安文宅 著 〈208면 / 2,100원〉
42 工業所有權 지식 　鄭泰連 著 〈256면 / 2,300원〉	61 貿易政策 입문 　李東鎬 著 〈210면 / 2,100원〉
43 環境保全과 人間 　李燦基·安泰奭 共著 〈186면 / 1,700원〉	62 流通販賣技法 　安台鎬·韓一洙 共著 〈192면 / 2,000원〉
44 韓國의 勞使問題 　金秀坤 著 〈173면 / 1,700원〉	63 價格機構와 市場原理 　趙東根 著 〈202면 / 2,000원〉
45 經濟協力 이야기 　全哲煥 著 〈244면 / 2,200원〉	64 소프트웨어 入門 　李疇憲 著 〈165면 / 1,700원〉
46 多國籍企業의 實體 　鄭求鉉 著 〈216면 / 2,000원〉	65 福祉國家 이야기 　金日坤 著 〈192면 / 2,000원〉
47 經濟政策의 理解 　金孝命 著 〈212면 / 2,100원〉	66 物價의 理解 　金文昱 著 〈312면 / 3,000원〉
48 生産管理 입문 　兪炳泰 著 〈240면 / 2,400원〉	67 어음·手票의 法律常識 　崔基元 著 〈180면 / 1,800원〉
49 中小企業 이야기 　趙觀行 著 〈184면 / 1,800원〉	68 OECD와 韓國經濟 　劉壬洙 著 〈200면 / 2,400원〉
50 IMF·IBRD의 理解 　柳志星 著 〈240면 / 2,400원〉	69 國際競爭力 이야기 　朱明建 著 〈146면 / 1,900원〉
51 通貨의 常識 　金仁基 著 〈185면 / 1,900원〉	70 韓國의 流通産業 　安台鎬 著 〈222면 / 2,500원〉

71 市場調査分析 입문	89 호텔經營 입문
朴基岸·丁雄夏 共著 〈168면 / 2,000원〉	申鉉柱 著 〈158면 / 2,000원〉
72 統計와 그 活用	90 勞使協商戰略
郭昌權 著 〈283면 / 3,000원〉	李達坤 著 〈172면 / 2,200원〉
73 産業構造의 知識	91 不動産鑑定評價
李相鎬 著 〈200면 / 2,400원〉	李源俊 著 〈222면 / 2,500원〉
74 資源經濟 입문	92 債券投資의 知識
崔基鍊 著 〈208면 / 2,500원〉	金昇佑 著 〈148면 / 2,000원〉
75 現代社會와 리스크管理	93 原子力産業의 理解
李京龍 著 〈198면 / 2,400원〉	田載豊 著 〈170면 / 2,300원〉
76 信用카드 이야기	94 韓國의 租稅政策
金文煥 著 〈196면 / 2,400원〉	李鎭淳 著 〈240면 / 2,500원〉
77 데이터뱅크 이야기	95 담보와 보증
鄭寅根 著 〈154면 / 1,900원〉	李源俊·朴相宗 共著 〈176면 / 2,500원〉
78 地方自治와 地方財政	96 銀行마케팅
吳然天 著 〈184면 / 2,200원〉	趙泰玄 著 〈172면 / 2,500원〉
79 技術協力 이야기	97 정보·통신시스템의 理解
林陽澤 著 〈137면 / 1,700원〉	安重鎬 著 〈216면 / 2,500원〉
80 經營計劃 입문	98 人的資源 회계정보
郭秀一 著 〈162면 / 1,900원〉	李正道 著 〈180면 / 2,500원〉
81 經營리스크와 企業保險	99 關稅의 상식
宋 一 著 〈182면 / 2,200원〉	李性燮 著 〈162면 / 2,500원〉
82 海洋資源의 知識	100 벤처 캐피틀의 理解
許亨澤 著 〈172면 / 2,000원〉	高聖洙 著 〈196면 / 2,500원〉
83 産業工學 입문	101 設備投資와 設備金融
朴京洙 著 〈200면 / 2,400원〉	姜日圭·元鍾根 共著 〈198면 / 2,500〉
84 生産戰略 입문	102 地方自治會計
李慶煥 著 〈152면 / 1,800원〉	曺廷煥 著 〈172면 / 2,500원〉
85 現代企業 입문	103 技術經營의 길잡이
朴基贊 著 〈184면 / 2,200원〉	金一龍·任德淳 共著 〈184면 / 2,500원〉
86 職能資格制度의 理解	104 이미지 마케팅
朴俊成 著 〈170면 / 2,000원〉	韓一洙 著 〈192면 / 2,500원〉
87 EC의 經濟·市場統合	105 제2금융권 이야기
金世源 著 〈190면 / 2,400원〉	李弼商·鄭光夏 共著 〈170면 / 2,500원〉
88 經濟成長 이야기	
金洙權 著 〈172면 / 2,200원〉